세상을 바꾼
씨앗

씨앗으로 보는
지구와 인류의 역사

세계사 가로지르기 20
세상을 바꾼 씨앗
© 장인용 2017

초판 1쇄 발행	2017년 4월 27일
초판 3쇄 발행	2020년 7월 20일

글쓴이	장인용

펴낸이	김한청
기획·편집	원경은 이한경 박윤아 이건진 차언조
마케팅	최원준 최지애 설채린
디자인	땡스북스 스튜디오

펴낸곳	도서출판 다른
출판등록	2004년 9월 2일 제2013-000194호
주소	서울시 마포구 동교로27길 3-12 N빌딩 2층
전화	02-3143-6478
팩스	02-3143-6479
블로그	blog.naver.com/darun_pub
메일	khc15968@hanmail.net

ISBN	979-11-5633-152-0 44900
	978-89-92711-70-8(세트)

세상을 바꾼

씨앗으로 보는
지구와 인류의 역사

장인용 지음

다른

차례

4 인간을 살린 곡식

5 풍성한 식탁

'세상을 바꾼 씨앗'이라는 기획을 처음 들었을 때는 평범하다고 생각했다. 그런데 나중에 글의 방향을 정하면서 제목을 다시 보니 무언가 다른 느낌이 들었다. 처음에는 식물만 떠올렸다. 그런데 생각해 보니 우리는 동물에게도 '씨'라는 말을 자주 썼다. 형질이 좋은 어미 닭을 '씨암탉'이라고 하고, 사람에게도 '씨가 좋네, 나쁘네' 하는 이야기를 흔히 하지 않던가. 식물에서 동물로 전이된 개념이기는 하지만 꽤나 합리적인 말이다. 동물이나 식물이나 양성 결합으로 후대를 만드는 것은 똑같다.

식물로 한정해도 '씨앗'은 인류의 문명 전체를 아우르는 단어일 수 있다. 문명은 1만 년 전 농사를 짓기 시작한 신석기 혁명에서 비롯되었고, 산업혁명도 향신료 때문에 대항해 시대가 열려 대양과 대륙을 뛰어넘는 교류를 했기에 가능했다. 산업혁명의 실마리가 된 방직업도 목화씨에서 비롯된 것 아닌가.

물론 전쟁과 노예제, 제국주의의 식민지 정책 등 씨앗에서 얻는 이익을 독점하려는 사람들로 말미암아 폐해도 뒤따랐지만, 전반적으로 씨앗이 오가면서 인류의 삶은 나아졌다. 산업혁명으로 소비재 생산이 늘었고, 생활이 윤택해졌다. 식량 생산량이 늘어나 굶주림에서 벗어나기 시작했으며, 위생 상태가 나아져 수명이 길어졌다. 이 모든 건 신대륙과 구대륙 사이의 씨앗 교류에서 시작되었다고 볼 수 있다.

인간은 스스로를 만물의 영장이라고 생각하지만 사실 지구상에 인간이 만들어 놓은 것은 별로 없다. 자연이 수십억 년 동안 만든 것을 이용할 뿐이다. 진화의 산물인 씨앗을 개량해 먹고, 유공충이 만든 석유를 캐 자동차를 끌며, 풀로 만든 섬유로 옷을 지어 입고, 돌과 나무로 집을 짓고 산다. 과학기술 시대라고 하지만 여전히 인간이 만든 화합물보다 식물이 만든 화합물이 수천 배 많고, 첨단 기술에 쓰이는 식물의 비중도 결코 적지 않다. 이 세상 어느 식물, 어느 동물 하나 인간이 만든 것이 없다. 모두 자연이 만든 것이며, 진화의 법칙에 따라 환경에 적응해 온 산물이다.

이렇게 보면 정말 '씨앗'이 인간 세상을 이끌어 온 원동력이 아닐까 싶다. 문익점이 원나라에서 붓두껍에 목화씨를 숨겨 와 우리 조상이 무명옷을 만들어 입기 시작했다는 이야기는 허구에 가까운 전설이지만, 원나라인 몽골이 인도와 아랍 세계를 정복해 얻은 목화씨를 중국으로 보급한 것은 사실이다. 오늘날 우리가 먹고 마시고 입는 것들은 대개 이 같은 경로로 씨앗을 들여와 퍼뜨린 결과물이다. 쌀은 동남아시아와 중국을 거쳐 한반도로 들어왔고, 배추도 중국에서 유입됐다.

인간은 씨앗을 이곳저곳으로 부지런히 옮기며 문명을 만들었다. 씨앗이 없었다면 지금의 우리도 없다. 그렇게 보면 씨앗이 인류의 역사를, 아니, 지구의 역사를 만들었다는 말은 과장이 아니다. 지금부터 그 씨앗의 역사를 따라가 보려 한다.

씨앗의 탄생

씨앗이란 무엇일까? 간단히 말하면 식물이 후손을 남기기 위해 맺는 생명 전달의 도구다. 그렇다면 식물은 언제부터 있었고, 씨앗은 어디에서 난 걸까. 그 이야기를 하려면 아주 먼 과거로 거슬러 올라가야 한다.

지구의 역사는 46억 년쯤 된다. 지질 시대는 크게 시생대, 고생대, 중생대, 신생대로 나뉘는데, 지구가 시작된 약 46억 년 전부터 25억 년 전까지를 시생대라고 한다. 시생대 초기에 지구 표면은 끓는 수증기로 가득 차 있었고, 아무런 생명체도 살지 않았다. 그러다 수증기가 식으면서 표면에 딱딱한 암석이 생겼고, 수증기는 비로 내려 바다를 이루었다. 이것이 약 29억 년 전의 일이다. 여전히 대기에는 산소도 없고 동식물에게 해로운 가스로 가득했다. 하늘에서는 비가 쏟아졌고 무시무시한 번개가 쳤다. 화산들은 불을 뿜었다. 그런데 과학자들은 이보다 1억 년쯤 전에 생명이 탄생했을 것이라 추론한다. 산소가 필요 없는 혐기성 세균이 등장한 것이다.혐기성 세균은 오늘날에도 유독 가스인 이산화황과 뜨거운 열기로 가득한 분화구 근처에 서식한다. 그리고 이 세균은 지구에서 탄생하는 모든 생명체의 씨앗이 된다. 결국 지구 생명체는 약 30억 년이라는 역사를 지니고 있는 셈이다. 그러나 요즘은 30억 년 전이라는 시점도 자꾸 앞으로 당겨지는 추세다. 생각보다 생명은 일찍 시작한 듯하다.

지각이 만들어진 뒤 10억 년이 넘는 긴 세월 동안 땅 위에는 별다른 변화가 없었다. 그러나 바닷속에서는 새로운 생명이 탄생했다. 얕은 바다에 '시아노박테리아cyanobacteria, '남세균', '남조류'라고도 한다. 엄밀하게 말하자면 박테리아는 아니다'라는

남조류라고도 불리는 시아노박테리아는 지구에 산소를 불어넣은 생물이다.

원핵생물^{핵막은 없지만 핵의 요소는 있는 생물}이 나타난 것이다. 이들은 바닷물을 빨아들여 수소만 쓰고 산소는 공기 중으로 내보냈다. 이로 인해 대기 중의 산소 농도가 높아졌다. 산소는 원핵생물 외에 당시 존재하던 대부분의 미생물에게 해로웠다. 덕분에 원핵생물은 계속 세력을 넓혀 나갔고, 산소도 계속 많아졌다. 그렇게 산소는 공기의 5분의 1 정도를 차지하는 데 이른다.^{나중에는 산소로 에너지를 생산하는 미생물도 생겨난다}

그 뒤 고요한 상태로 생명의 시간 30억 년 가운데 절반 이상이 흐른다. 그렇다고 아무 일도 일어나지 않은 것은 아니다. 이후 지구상에 번성하게 될 모든 생물의 기초가 이때 세워졌다. 핵막을 갖춘 진핵생물이 탄생했고, 미생물 간의 포식 또는 공생의 결과 미토콘드리아^{mitochondria}가 세포 안에서 독자적으로 생존하며 산소를 이용해 에너지를 만드는 기관으

오스트레일리아 샤크베이에 남아 있는 시아노박테리아 화석인 스트로마톨라이트다.
시아노박테리아는 지구 최초의 생물군 가운데 하나다.

로 자리 잡는다. 엽록소도 이런 방식으로 다른 세포에 흡수된다. 이뿐만이 아니다. 다세포 생물이 나타나면서 좀 더 복잡하고 다양한 생물체가 등장할 수 있는 발판이 마련됐다. 하나의 개체가 둘로 분리돼 각각 증식하는 무성 생식이 아니라, 암수로 나뉜 유전자 둘이 결합해 번식하는 유성 생식이 가능해진 것이다. 환경 변화에 대처하는 힘이 약한 무성 생식과 달리 유성 생식은 종의 다양성과 진화에 유리하다. 오늘날 수많은 종류의 동식물이 존재하는 것은 모두 유성 생식 덕분이다.

단단한 암석으로 이루어진 땅은 이 기나긴 세월 동안 어떠한 생물도 없는 황무지로 존재한다. 그러나 역시 아무 일도 일어나지 않은 것은 아니다. 낮 동안 뜨거운 햇볕에 달궈진 바위들은 밤에 기온이 내려가면서 수축해 미세하게 갈라졌다. 이렇게 생긴 틈으로 물이 스며들었고, 추위 때문에 물이 얼면서 바위의 균열이 더욱 커졌다. 이런 일이 반복되면서 큰 바위가 작은 바위로 갈라졌고, 물길을 따라 구르면서 점점 더 작은 돌멩이가 됐다. 그리고 결국에는 부드러운 모래가 됐다. 생물이 살아갈 토대가 만들어진 것이다.

그 무렵 원시의 바다에는 수많은 생명체가 나타났다. 약 5억 4200만 년 전인 캄브리아기에는 현생종의 조상이 되는 생물체들이 등장했고, 그로부터 1억 년 뒤에는 관다발이 있는 원시 식물들이 땅 위에 살기 시작했다. 식물이 먼저 땅에 적응한 것이다. 식물에게 땅 생활은 물속 생활보다 좋은 점이 많았다. 우선 포식자로부터 자유로웠고, 물의 방해를 받지 않고 더 많은 햇빛을 이용할 수 있었다. 광합성에 필요한 이산화탄소도 훨씬 많았다. 다만 가뭄과 추위, 바람이라는 새로운 장애물에 대처해야

위 양치식물인 고사리. 식물계의 원로라 할 수 있다.
아래 겉씨식물인 캐나다 솔송나무. 겉씨식물은 포자식물 다음 형태다.

했기에 적응하는 데는 시간이 걸렸다.

육지 생활에 적응한 식물들은 순식간에 퍼져 나갔다. 이때 번성한 식물이 양치식물이다. 양치식물은 씨앗이 아닌 포자를 퍼뜨리기 때문에 번식력이 높지만 고온 다습한 환경이 아니면 발아할 수 없다는 한계가 있다. 척박한 곳에서 살아남으려면 생명을 잉태할 유전자가 충분히 자랄 때까지 쓸 양분이 필요했다. 그래서 싹이 틀 때 제일 먼저 나가는 '떡잎'을 만들고 전분이나 지방을 저장했다. 전분은 양분으로 쉽게 활용할 수 있지만 추위에 약하고, 지방은 활용하려면 여러 단계를 거쳐야 하지만 추위에 강하고 부피도 작다. 그래서 이 둘을 적절히 섞으면 추위도 견딜 수 있고, 따뜻한 봄이 왔을 때 재빠르게 움직일 수 있다. 이렇게 겉씨식물이 등장했다. 그리고 지구는 곧 거대한 나무들로 덮이기 시작했다.

육지에서의 경쟁

식물이 육지를 점령했지만 식물의 태평성대가 온 것은 아니었다. 바닷속의 다른 생물들도 날로 심해지는 생존 경쟁을 피해 지상으로 올라왔기 때문이다. 가장 먼저 바다를 탈출한 것은 절지동물, 즉 곤충이었다. 당시 육지는 곤충이 살기 좋은 환경이었다. 천적도 없고, 육지를 뒤덮은 식물들이 무한으로 식량을 제공했다. 양서류와 파충류가 바다를 탈출할 때까지 곤충에게 지상은 낙원이었다.

그러나 식물에게 곤충은 성가신 존재였다. 곤충은 무수히 번식하며

영국 잉글랜드 남서부에 있는 쥐라기 숲 화석. 이 숲을 공룡들이 거닐었다.

식물을 갉아 먹었다. 땅에 뿌리를 박은 채 물과 양분을 얻고, 햇빛을 쬐고, 공기 중의 이산화탄소를 흡수하며 광합성을 해야 하는 식물은 곤충이 다가와도 도망칠 방법이 없다. 그래서 화학 물질을 만들기 시작했다. 기나긴 세월 동안 식물은 쓴맛 나는 타닌과 같은 자기 방어용 물질을 생산하도록 진화했다.

이후 고생대의 마지막 시기인 페름기약 2억 9900만 년 전~2억 5100만 년 전에 지구에는 또 한 번 큰 사건이 일어난다. 흩어져 있던 대륙들이 모여 하나의 초대륙인 '판게아Pangaea'를 이룬 것이다. 대륙이 하나로 모인다는 것은 지상에 사는 식물들이 더 많은 영역에 씨앗을 퍼뜨릴 수 있게 됐음을 뜻했다. 그러나 산에 가로막힌 내륙은 비가 아주 적게 오거나 오지 않아 사막화가 진행됐다.

이 페름기 말에 끔찍한 일이 벌어진다. 지구에 생명체가 번성한 이래로 가장 큰 규모의 멸종이 일어난 것이다. 지구 생물의 약 95퍼센트가 멸종된, 그야말로 생물 대청소였다. 원인은 밝혀지지 않았다. 다만 어떠한 사건으로 인해 지구 환경이 급격히 변화한 것으로 추측된다. 이 무렵 시작돼 100만 년 동안 이어진 시베리아 지역의 거대한 화산 폭발 때문이라는 추측도 있다. 여기에서 흘러나온 화산재와 가스가 지구 환경을 바꾸었다는 것이다.

고생대 페름기를 지나 중생대에 이르면 널리 알려진 대로 공룡의 시대가 펼쳐진다. 페름기의 멸종을 이겨 낸 동식물은 이 시기에 새롭게 도약했다. 지구는 다시 식물로 뒤덮였고, 초식 공룡은 식물을, 육식 공룡은 초식 공룡을 잡아먹는 먹이사슬이 완성됐다. 공룡의 전성기인 쥐라기에는 하나로 합쳐졌던 대륙이 다시 곤드와나 대륙과 로라시아 대륙으로 갈라졌다. 양치식물의 전성기가 가고, 겉씨식물이 세상 구석구석을 점령했다. 대륙이 갈라지고 이동하면서 위도가 바뀌었고, 기후가 달라졌다. 식물은 이 모든 시련을 견뎌야 했다.

식물은 번식의 도구인 씨앗에 더 많은 투자를 하기 시작했다. 동물에게 먹히지 않도록 단단한 껍질을 만들어 씨앗을 보호했고, 알맹이에는 잎을 내고 뿌리를 뻗을 때 쓸 영양분을 저장했다. 그리고 추위를 견디도록 설계했다. 물론 그럼에도 수많은 동물이 씨앗을 노렸지만, 일부라도 남아 봄에 싹을 틔울 수 있게 했다. 그러다 곤충을 이용해 꽃가루를

꽃식물이자 속씨식물인 사과나무의 꽃. 많은 속씨식물은 동물을 유혹하기 위해 과육을
제공하지만 씨앗을 보호하기 위해 독을 품는 경우가 많다. 사과의 씨앗에도 독이 있다.

퍼뜨리는 꽃식물^{현화식물}이 나타났다. 곤충의 일방적인 먹이였던 식물이 곤
충 길들이는 법을 개발한 것이다. 식물은 씨앗에 더 많은 영양분을 저장
하고 과육을 만들어 동물의 관심을 끌었다. 그리고 이를 통해 씨앗을 더
멀리 퍼뜨렸다. 이렇게 밑씨가 씨방 안에 든 속씨식물이 등장했다. 식물
은 화학 물질을 만드는 기술도 날로 발전시켜 도움이 되는 동물은 유혹
하고 해로운 동물은 쫓아내는 방어 체제를 완성했다. 진짜 씨앗의 세상
이 시작된 것이다.

풀이 등장하다

중생대의 마지막 시기인 백악기 말에 지구는 또 한 번 극적인 변화를 겪는다. 지구를 영원히 지배할 것만 같았던 공룡이 모두 사라진 것이다. 2억 년 가까이 번성한 수많은 종의 공룡이 어쩌다 멸종됐는지 정확하게 알 수는 없다. 다만 지구에 변혁이 일어났고, 그로 인한 자연의 변화에 공룡이 적응하지 못한 것은 확실하다.

공룡이 사라진 세상의 승자는 속씨식물과 포유류였다. 속씨식물은 겉씨식물과 곳곳에 남은 양치식물을 주변부로 몰아냈고, 포유류는 몸집을 불리며 새로운 환경에 적응했다. 그러는 사이에 다섯 덩어리로 나뉜 대륙은 긴 여행을 시작했다. 어떤 대륙은 적도의 뜨거운 태양 아래로 이동했고, 어떤 대륙은 극지방으로 흘러들었다. 바다는 대륙을 갈라놓았고, 식물은 각기 다른 환경에서 살아남기 위해 기나긴 투쟁을 벌여야 했다.

그렇게 중생대가 끝나고 신생대가 시작됐다. 신생대 6500만 년은 고생대나 중생대에 비하면 아주 짧은 기간이지만 그래도 지구에는 많은 일이 일어났다. 포유류는 수많은 종으로 갈라졌고, 새로운 종은 기후와 먹이에 적응해야 했다. 수많은 포유류가 자신의 몸을 환경에 맞춰 바꿔나갔다. 코끼리, 소 같은 초식 동물은 포식자에 맞서 몸집을 키우고 박쥐는 날개를 만든 것처럼 말이다. 반면 고래, 바다소처럼 땅 위에 살다 다시 바다로 돌아가는 경우도 있었다.

신생대는 제3기와 제4기로 나뉘고^{제1기는 고생대, 제2기는 중생대다}, 제3기는 다시 팔레오세, 에오세, 올리고세, 마이오세, 플라이오세로 나뉜다. 올리고

미국 캘리포니아 북부의 침엽수림. 침엽수는 추위와 가뭄에 적응하려는 식물의 노력에서 나왔다.

세와 마이오세에는 날씨가 따뜻했기에 동식물이 비교적 평화롭게 살았고, 덕분에 매우 다양하게 진화할 수 있었다. 인간과 비슷한 영장류와 유인원이 나타난 것도 이때쯤이다. 그러나 좋은 시절은 금세 막을 내린다. 지구에는 제4기 빙하기가 찾아왔고, 적도 근처를 제외한 북반구의 수많은 땅이 차가운 얼음으로 뒤덮였다. 생물에게는 고난의 시기였다. 동물은 이끼를 찾아 빙하 사이를 떠돌았고, 빙하 언저리에 자리 잡은 속씨식물도 추운 날씨를 견디며 악전고투했다. 반면에 겉씨식물인 침엽수는 더 멀리 퍼져 나갔다. 빙하기 중간에는 비교적 따뜻한 간빙기가 있었는데, 속씨식물은 이때 그나마 영역을 넓혔다.

　빙하기가 반복적으로 이어져 오던 약 700만 년 전, 식물군에 상당히

도둑놈의갈고리 씨앗. 동물의 털에 붙기 좋은 형태다.

큰 변화가 일어난다. 나무만 있던 세상에 풀이 등장한 것이다. 지금의 시선에서 보면 풀이 나무보다 먼저 나왔을 것 같지만 사실 풀은 식물군 가운데 가장 늦게 나타났다.

일반적으로 나무는 높이 솟아 햇빛을 받는 데는 유리하지만 환경의 변화에는 취약하다. 뿌리 내린 곳의 기후가 급변하면 말라 죽을 수밖에 없다. 기후 변화로 강수량이 줄면 죽는 것 외에 선택지가 없다. 또 나무의 씨앗은 대체로 무거워 퍼져 나가는 데 한계가 있다. 날개 달린 단풍나뭇과의 씨앗도 수백 미터밖에 이동하지 못한다. 게다가 그 씨앗이 자라다시 씨앗을 날려 보내려면 수년에서 10여 년이 걸린다. 그렇다 보니 기후가 갑자기 변했을 때 대응하기 어렵다.

풀은 길어 봤자 몇 년밖에 못 살지만 나무보다 훨씬 많은 씨앗을 만든다. 씨앗의 무게가 가벼워 퍼뜨리기도 쉽다. 민들레 씨앗은 바람을 타고 수십 킬로미터도 이동한다. '소의 무릎에 붙어 이동하는 풀'이라는 뜻의 우슬초牛膝草나 도둑놈의갈고리의 씨앗은 동물의 털에 붙어 쉽게 퍼져 나간다. 지독한 가뭄이 들어도 동물을 따라 물 있는 곳으로 갈 수 있다.

늦봄부터 여름까지 우리나라 전역에서 볼 수 있는 개망초는 원산지가 북아메리카다. 한반도에는 일본을 통해 들어왔는데, 일본이 조선을 침략한 19세기 말 침목鐵路 아래 까는 토막에 붙어 와 불과 10여 년 만에 방방곡곡으로 퍼져 나갔다. 일제 강점기가 시작된 1910년에는 '왜놈'처럼 우리나라를 망하게 하는 풀이라고 하여 '망초' 또는 '왜풀'이라고 불렸다. 개망초는 100여 년 전만 해도 이 땅에 없던 식물이었지만 이제 어디서든 흔히 볼 수 있게 됐다. 풀의 놀라운 전파력을 짐작할 수 있다.

그러나 풀의 탄생은 단지 그들의 생존과 번성의 문제로 그치지 않았다. 먼 훗날 나타날 인간이라는 종족의 문명은 이 풀로부터 시작한 것이다. 풀에서, 정확히는 이 풀의 씨앗에서 지금 모든 문명의 모태가 태어난 것이다. 풀은 많은 초식 동물을 먹여 살렸고, 이들 풀의 씨앗이 지닌 전분은 최초로 자연의 생산물을 땅 위에 축적시킬 토대가 되었다. 나무 위에서만 살았던 영장류 가운데 새로운 종은 나무에서 내려 두 발로 걸으며 새로운 삶을 개척했다. 물론 그들도 그저 자연적인 풀의 씨앗을 먹는 것에 그쳤지만, 차츰 이 풀을 길들일 수 있었다. 지금 우리가 곡물이라 부르는 것들은 모두 이 풀의 씨앗들이다. 즉 인류가 태어난 뒤에도 한참을 수렵과 열매에 의지했지만, 훗날 농경 시대의 시작은 이 풀이 없었더

개망초. 우리 민족은 나라 잃은 설움을 이 아메리카산 꽃에 실었다.

라면 이루어질 수 없었다.

인류가 곡식의 씨앗을 만든 것은 아니다. 씨앗을 만들고 진화시킨 것은 자연이지만, 그 씨앗의 유용성을 낚아챈 것은 바로 인류다. 인류 도약의 중심에는 바로 씨앗이 있었다. 우리는 그 1만 년 동안의 씨앗을 추적해야 한다. 그래야 씨앗이 지구에, 또 인간과 우리 사회에 어떤 변화를 일으키고 어떤 식으로 생활을 바꾸었는지 알 수 있다. 이 씨앗은 이미 수억 년의 진화를 거친 것이다. 인간은 단지 자신의 목적에 맞게 씨앗을 개량하고, 자랄 환경을 조성해 주었을 뿐이다. 인류가 이룬 것의 거의 전부는 이 씨앗에서 비롯되었고, 씨앗을 이용한 내력이 바로 우리의 역사다.

에너지를 만드는 자와 쓰는 자

이 세상에는 에너지를 만드는 자와 쓰는 자가 있다. 이것이 지금까지 지구 생명체를 살아남게 한 힘이자 원리다. 단순히 만드는 자만 있었다면 원료는 바닥나고 지구는 탄소로 뒤덮여 숨 막히는 상황이 됐을 것이다. 반대로 에너지를 쓰는 자만 있었다면 지구는 생명 없는 것들로만 가득했을 것이다.

에너지를 만드는 자의 대표는 역시 식물이다. 식물은 물을 분해해 얻은 수소와 공기 중의 이산화탄소, 햇빛을 이용해 탄소 화합물을 만든다. 그리고 남은 산소는 공기 중으로 내보낸다. 이것을 광합성이라 한다. 지구 위의 모든 에너지는 태양에서 나온 것이고, 동물이 이용하는 모든 에너지는 식물의 광합성 결과로 얻은 것이다.

에너지를 쓰는 자의 대표는 동물이다. 동물은 식물이 만든 탄소 화합물과 산소에서 모든 에너지를 얻는다. 육식 동물은 식물을 직접 먹지는 않지만 식물을 먹은 초식 동물을 잡아먹으니, 식물이 만든 에너지를 쓰는 것은 마찬가지다.

식물체 안에서 에너지를 만드는 기관은 엽록체고, 동물체 안에서 에너지를 쓰는 기관은 미토콘드리아. 과학자들은 이 두 가지가 원래 독립적인 생명체였을 것으로 추측한다. 바다에서 산소를 만들던 시아노박테리아가 다른 개체에게 먹힌 뒤 그 개체와 공생 관계가 됐다고 보는 것이다. 미토콘드리아도 외부에 있던 개체가 몸 안에 들어와 개체

공생을 하게 된 것이라고 여긴다. 물론 이렇게 추측하는 데는 이유가 있다. 미토콘드리아와 엽록체는 세포 안에 있지만 세포핵의 DNA와 다른 DNA를 가지고 있기 때문이다. 이는 유전자 정보 전달을 독자적으로 한다는 뜻이다. 대기 중에 산소를 내보내고 탄소 화합물을 만드는 시아노박테리아와 그것들로 에너지를 쓰는 미토콘드리아는 비록 남의 몸을 빌린 처지이지만 영원히 살고 있다고 봐야 할 것이다.

이 모든 일은 여전히 계속되고 있다. 식물은 엽록체로 물을 빨아들여 산소를 내보내고 수소와 이산화탄소를 이용해 에너지를 생산한다. 미토콘드리아는 여기에 물과 산소를 더해 이산화탄소를 내보내고 에너지를 쓴다. 이 세상의 모든 대사는 태양과 물, 그리고 엽록체와 미토콘드리아가 핵심적인 역할을 하고 있다.

엽록체 유전자는 씨앗을 통해 전파되고, 미토콘드리아 유전자는 난자를 통해 전달된다. 이들 유전자는 씨앗 속의 씨앗이라고 할 수 있다. 어쩌면 식물체와 동물체는 두 기관의 부산물인지도 모른다. 모든 생명 활동은 두 기관을 위한 것인지도 모른다.

씨앗에 눈뜨다

약 300만 년 전 나무와 풀이 어우러져 있고 우기와 건기가 뚜렷한 아프
리카의 사바나^{열대 초원}에서 원시 인류인 오스트랄로피테쿠스가 탄생했다.
이들은 맹수의 공격을 비롯한 여러 위험 요소를 극복하면서 영역을 넓
혔다. 사자, 호랑이보다 힘도 약하고 느리고 몸집도 작지만 서로 협동하
고 도구를 사용하는 것으로 단점을 보완했다. 이후 호모 하빌리스, 호모
에렉투스, 호모 루돌펜시스 등이 등장했고, 현생 인류인 호모 사피엔스
와 비슷한 네안데르탈인도 약 35만 년 전에 나타났다. 그러나 최후의 승
자는 현생 인류였다. 현생 인류는 약 20만 년 전 아프리카에 등장해 유
라시아 대륙과 오스트레일리아, 인도네시아, 남북아메리카로 차츰 영역
을 넓혀 나갔다.

도구와 불의 사용은 현생 인류에게 무한한 가능
성을 열어 주었다. 불에 익힌 음식을 먹으니 소
화 흡수율이 좋아져 생식할 때보다 훨씬 덜
먹었고, 남는 시간을 다른 활동에 쏟으면서
두뇌 용량도 늘어났다. 독이나 병균의 감염으
로부터도 자유로웠다. 또 현생 인류는 돌과 짐
승의 뼈를 이용해 다양한 사냥 도구를 만들
면서 신체적 약점을 장점으로 바꿨다. 부족
단위로 협동 생활을 한 덕분에 자연의 위험
요소에 적극적으로 방어할 수 있었고, 여느

오스트리아 빈 자연사박물관에
있는 오스트랄로피테쿠스 모형.

알제리 사하라 사막의 바위에서 발견된 그림. 수렵채집 시대에 사냥하는 모습이 담겨 있다.

동물들보다 우월한 위치를 차지했다.

사냥과 채집에 의존했기에 시간이 흘러도 집단의 규모는 커지지 않았지만 현생 인류는 오랜 기간 자연을 관찰하며 서서히 지식을 쌓아 나갔다. 어떤 작물이 맛있고 소화가 잘되는지 파악했고, 유용한 작물을 발견하면 어떻게 번식하는지 관찰했다. 이러한 작물들이 사라지지 않도록 채취량을 조절하고 자생지도 돌봤다. 사냥감인 짐승들에 대한 지식도 빼놓지 않았다. 짐승을 돌보며 개체 수를 유지시켰고, 어떤 짐승이 온순하고 길들이기 좋은지 관찰했다.

그렇게 여러 경험과 지식, 그리고 협동심으로 생존 가능성을 높인 덕분에 차츰 인구가 증가했다. 초원과 숲이 감당하지 못할 만큼 인구가 많아지자 무리를 이루어 다른 지역으로 흩어졌고, 아프리카 대륙조차 좁을 지경이 되자 다른 대륙으로 이동했다.

인류가 아프리카에서 나와 살 수 있었던 가장 큰 무기는 역시 불이었다. 유라시아 대륙으로 퍼져 나간 인류는 불을 피워 추위를 이겨 냈고, 처음 보는 식물들의 씨앗을 익혀 먹었다. 미지의 숲을 가로지르며 사냥을 했고, 사냥감이 없어지면 다른 정착지를 찾아 나섰다.

돌이나 동물 뼈로 도구를 만들어 쓰고 불도 이용했지만 먹이를 구하고 추위를 이기는 일이 아프리카의 사바나에서 살 때보다는 훨씬 힘들었을 것이다. 그럼에도 인류는 끊임없이 먹을 수 있는 씨앗을 찾고 사냥을 하며 춥고 어두운 시기를 견뎠다.

인류가 무한히 넓은 유라시아 대륙과 태평양의 섬들, 또 빙하기에 해수면이 내려가면서 생긴 베링 육교오늘날의 베링해를 건너 남북아메리카 대륙으로 건너간 것은 먹이를 얻기 위한 사투 때문이었을 것이다. 땅의 생산성에 따라 다르기는 하지만 수렵, 채취 생활에는 한 사람이 살아가는 데 꽤 넓은 지역이 필요하다. 땅이 넓을수록 사냥감도 많기 때문이다. 대체로 20~30명 규모의 부족에게 10제곱킬로미터 정도의 땅이 필요했고, 춥거나 비가 자주 안 와 생산성이 떨어지는 지역이면 더 넓은 땅이 필요했다. 사냥감이 풍부해 식량 공급이 원활하게 이루어지면 2~3세대만 지나도 인구가 두 배로 늘었는데, 그 영역에서 나는 식량이 충분하지 않을 경우 그들 가운데 일부는 새로운 영역을 개척하러 떠날 수밖에 없었다. 가뭄이나 재난, 빙하의 침식과 같은 기후 변화로 식량이 줄어도 마찬가지였다. 인류가 세계 곳곳에서 살게 된 이유다.

인류는 이렇게 여러 지역으로 이주해 저마다 다른 환경에 적응하며 살았다. 어떤 부족은 한대 지방에서 주로 동물을 사냥했고, 어떤 부족은 온대 지방에서 과실을 채취했다. 열대 지방에는 더욱 다양한 식량이 있었지만 독을 품은 벌레와 파충류가 인류의 생존을 위협했다.

인류가 가장 살기 좋은 지역은 온대 지방, 그중에서도 강이나 호수가 있는 곳이었을 것이다. 온대 지방에는 열대 지방 못지않게 다양한 동식물이 존재하고 온도도 적당했기에, 물만 풍부하면 다른 지역보다 살아남기 쉬웠을 것이다. 겨울의 추위가 문제였겠지만 추위를 이겨 내면서 환경에 적응하는 지혜를 얻었을지도 모른다.

어쨌거나 사냥에 의존하는 삶은 먹이 섭취의 관점에서 보면 지극히 불안정하다. 게다가 온대 지방은 열대 지방과 달리 여름과 가을에만 과실을 얻을 수 있기 때문에 대책이 필요했다. 예를 들면 음식을 건조하거나 소금에 절여 보관하는 것이다. 또 한편으로는 식물이 봄에 나타나 여름 내내 자란 뒤 가을에 결실 맺는 과정을 관찰했을 것이고, 어느 작물의 씨앗이 유용한지 알아냈을 것이다. 이들은 씨앗을 채취해서 심지는 않았어도 유용한 작물이 있는 구역이 다른 식물에게 침범당하지 않도록 관리했을 것이고, 동물로부터 피해를 입지 않도록 적절한 보호 조치를 했을 터이다. 그 과정에서 인류는 식물이 씨앗을 통해 번식한다는 사실을 깨닫고 여분의 씨앗을 심어 군락을 넓히거나 새로운 군락을 만들려고 시도했을 가능성이 크다. 그러면서 인간은 농업에 필요한 지식들을

영국 스코틀랜드
하이랜드의 고사리
군락지. 고온
다습한 곳에는
포자가 번식하기
쉬워 양치식물이
군락을 이룬다.

쌓아 나갔을 것이다.

　군락은 식물끼리 경쟁하거나 동물이 침범하는 것 외에 자연적인 재
해로도 파괴될 수 있다. 홍수가 휩쓸고 가거나 산불이 나 피해를 입는 것
이다. 그러나 자연의 회생 능력은 놀라워서 대부분은 금세 복원된다. 이
러한 경험을 반복하면서 인간은 물이 식물의 성장에 아주 중요한 자원
이라는 사실과 홍수는 그 모든 것을 쓸어 갈 수도 있다는 사실을, 연이
은 가뭄 또한 식물 군락을 훼손한다는 사실을 알게 됐을 것이다. 햇볕
과 양분이 식물의 성장에 아주 중요한 요소라는 사실도, 보드랍고 영양
분이 많은 흙에서 식물이 더 잘 자라고 씨앗도 더 많이 맺으며 튼실하게
자란다는 사실도 알아차렸을 것이다. 그리고 강 하구에 쌓인 퇴적토에
서 식물이 특히 잘 자란다는 사실도 알게 됐을 터이다.

　이러한 지식이 쌓이는 와중에 누군가 자신이 돌보던 군락의 식물에서 씨앗을 얻어 비슷한 조건의 땅에 조심스럽게 심었을 것이다. 농업은 그렇게 시작됐다. 씨앗에서 씨앗이 나온다는 사실을, 유용한 식물의 군락을 만들 수 있다는 사실을 깨달으면서 농업이 시작됐다. 그 순간까지 그렇게 오랜 시간이 걸렸다.

무엇을 심을 것인가

농업에서 가장 중요한 일은 무엇을 심고 무엇을 거둘지 정하는 것이다. 식물, 특히 풀의 씨앗은 종류가 수없이 많고, 특성도 모두 다르다. 크기가 작은 것부터 큰 것까지, 껍질이 두꺼운 것부터 얇은 것까지, 씨앗이 많이 달리는 것부터 적게 달리는 것까지 다양하다. 그런데 이 가운데 인간이 먹기에 적당한 것은 많지 않다. 어떤 식물은 씨앗을 보호하기 위해서 그 안에 독을 넣기도 하고, 발아할 때 동물들이 먹지 못하도록 싹에 독을 넣기도 한다. 예를 들어 살구씨에는 독성 성분인 아미그달린이 있어 살구 과육은 먹어도 괜찮지만 씨는 먹으면 안 된다. 또 호밀은 싹이 날 때 맹독을 품기 때문에 절대로 먹으면 안 된다. 싹이 튼 감자 역시 독성이 있어 먹었을 때 설사와 복통을 일으킨다. 사과 씨앗과 야생 아몬드 씨앗에도 독이 있다. 우리가 먹는 아몬드는 독이 없도록 개량한 종자다.

인류는 오랜 채취 생활을 통해 얻은 지식을 바탕으로 맛있고 유용한 식물 수십 종을 골라냈을 것이다. 그리고 그 식물들의 씨앗을 받아 심고 수확하는 과정을 여러 번 거치며 보다 값어치 있는 작물들을 골라

냈을 것이다. 씨앗은 그 지역의 기후와 환경에 얼마나 잘 적응하는가와 얼마나 많은 양의 수확물을 가져다주는가, 파종과 수확에 번거로움은 없는가에 따라 값어치가 결정된다. 수확량은 많지만 맛이 없는 식물도 있고, 병충해나 가뭄에 약해 관리하기가 어려운 식물도 있고, 씨앗이 여물자마자 바로 땅바닥에 다 떨어져 버리는 식물도 있다. 예를 들어 억새는 병충해에 강하고 생명력이 질기지만 그 씨앗에서 우리가 얻을 수 있는 것은 너무 보잘것없다. 인류는 여러 종류의 풀씨를 심어 실험을 한 뒤 많은 후보 가운데 몇몇 탁월한 종을 선택했고, '농경'이라는 혁신적인 식량 확보책을 만들어 냈다.

문화인류학자이자 문명 연구가인 재레드 다이아몬드는 《총, 균, 쇠》에서 어떤 부족은 문명을 이루고 어떤 부족은 문명을 이루지 못한 것에 '그 지역에 농사 대상으로 삼을 작물이 있는가'가 중요한 영향을 미쳤다고 분석한다. 농사지을 씨앗이 있어야 문명화의 첫걸음을 뗄 수 있다는 것이다. 문명이 발생하려면 물을 대기 편하고 기름진 농토뿐만 아니라 그 땅에 뿌릴 적합한 씨앗이 있어야 한다는 뜻이다. 그만큼 씨앗을 선택하는 문제는 중요하다. 물론 그 많고 많은 씨앗 가운데 곡식으로 이용하는 것이 몇 안 되는 것을 보면 선택의 여지가 그리 많지는 않다.

문명의 첫걸음을 뗀 곳은 메소포타미아의 남쪽 지방이다. 그곳에서 기원전 7000~6000년 무렵 수메르 문명이 시작됐다. 티그리스강과 유프라테스강이 흐르는 메소포타미아의 남쪽 지방은 홍수로 강물이 넘치면서 생긴 보드라운 충적토가 있고 지류와 호수도 발달한 곳이었다. 수메르인은 그 지역에서 자라는 여러 식물 가운데 보리와 밀을 선택해 재배했다. 그것이 약 1만 년 전의 일이다. 보리와 밀 모두 요즘 나오는 것처럼 알곡이 크지는 않았지만 다른 식물에 비해 비교적 굵고 탄수화물과 단백질이 풍부해 수많은 경쟁자를 물리치고 선택됐다.

물론 농사의 기술은 하루아침에 터득되지 않았다. 인류는 수없이 시행착오를 겪으며 지식을 쌓아야 했다. 곡식에 맞는 적당한 생장 환경을 갖추고 관리하면서 안정적으로 알곡을 수확하기까지 수백 년이 걸렸을 것이다. 어쩌면 1000년을 훌쩍 뛰어넘었을지도 모른다. 그나마 그 지역에 야생의 보리와 밀이 존재했다는 것이 정말 행운이었다. 큰 강이 있다고 해서 반드시 좋은 씨앗이 존재하는 건 아니다.

농부가 된 이들은 여러 조건을 개선해야 했다. 우선은 사람이 먹기에 충분한 양의 알곡을 얻는 것이 중요했다. 어떤 것들은 알곡이 굵어 먹을 수 있는 부위가 많았지만 그렇지 않은 알곡도 섞여 있었다. 그래서 씨앗을 개량했다. 사람들은 실패를 거듭하며 방법을 찾아 나갔다. 그 결과 굵은 씨앗을 심으면 굵은 알곡을 얻을 확률이 높다는 사실을 발견했을 것이다. 그때부터 굵은 씨앗을 골라냈고, 먹을 만한 알곡을 충분히 얻을 수 있게 됐다. 그러나 품종 개량은 단순히 알곡의 크기를 키우는 데 그치지 않았다. 농부들은 그중에서도 하나의 이삭에 달린 낟알 수가 많은 것을 가려냈다.

농사짓는 데는 이 외에도 고려해야 할 것이 많았다. 가장 성가신 일은 추수였다. 식물은 씨앗을 멀리 보낼수록 생존에 유리하다. 그래야 후손이 더 넓은 영역에서 안정적으로 살아갈 수 있기 때문이다. 하지만 줄기에 매달린 씨앗은 생각보다 멀리 퍼질 확률이 낮다. 그래서 식물은 다

터키 남동부의 도시 디야르바키르의 티그리스강. 유프라테스강과 함께 문명 발상의 요람이 된 강이다. 이 강의 하구에서 수메르 문명이 생겨났다.

른 방법을 찾았다. 익은 씨앗을 바로 땅에 떨어뜨리되 최대한 멀리 날아가게 만드는 것이다. 많은 식물이 이 방식을 이용해 씨앗을 퍼뜨렸다. 바람에 잘 날리도록 씨앗에 날개를 달거나, 동물의 털에 붙기 쉬운 모양으로 만들기도 했다. 밀과 보리의 알곡에 있는 기다란 까끄라기 역시 이를 위해 만들어진 무기일 것이다. 그렇지만 씨앗을 그러모아야 하는 입장에서 이는 여간 성가신 일이 아닐 수 없었다. 그래서 사람들은 추수를 마칠 때까지 낟알이 떨어지지 않는 품종으로 조금씩 바꿔 나갔다.

이처럼 씨앗을 선택할 때는 따져야 할 것이 무수히 많다. 가뭄이 드는 등 기상 상황이 급변해도 수확량을 충분히 확보하려면 기후 변화에 잘 적응하는 씨앗을 선택해야 한다. 병충해에 강한 것도 좋은 성질이다. 그러나 이 모든 조건을 만족시키기란 거의 불가능하다.

4대 문명과 씨앗

처음 농경을 시작했을 때는 모든 면에서 부족했지만 인류는 조금씩 진전을 이뤄 나갔다. 바로 그 결과물이 지금 들판에서 볼 수 있는 곡식들이다. 오늘날 우리는 각 지역의 기후와 토지에 맞는 곡식을 선택해 바람직한 결과를 얻고 있다. 농업에 첫발을 내디딘 이래 끊임없이 실험하고 관찰했기에 여기까지 올 수 있었다. 그리고 그 첫발을 내디딘 메소포타미아 문명이 선택한 밀과 보리는 쌀과 함께 오늘날까지도 주식의 자리를 차지하고 있다.

보리. 메소포타미아, 이집트, 인더스 문명의 핵심 씨앗이다.

　보리는 이집트 문명과 인더스 문명의 핵심 씨앗이기도 하다. 메소포타미아와 이웃한 두 문명은 메소포타미아보다 조금 늦게 보리농사를 시작했는데, 이는 기후와 연관이 깊다. 이집트와 인도는 습하고 더워 적응하는 데 시간이 걸린 것이다. 보리는 그나마 이집트와 인도의 기후를 견뎠지만 밀은 견디지 못했다. 이집트는 이후 더위에 강한 밀 종자를 개발했지만 인도는 너무 더워서 그조차 하지 못했다.

　밀과 보리가 지금까지 쇠퇴하지 않은 것은 오래전 인류가 탁월한 선택을 했다는 증거라고 볼 수도 있지만 사실 농사가 시작된 곳에 야생의 원종原種, 육종을 거치기 전의 선조에 해당하는 종자이 있었다는 것 자체가 행운이다. 세상 그 어디에서도 그보다 좋은 곡식을 찾을 수 없었을 것이다.

위 밀. 보리와 함께 가장 먼저 재배된 곡물로, 오늘날까지 주식으로 이용되고 있다.
아래 조. 중국 황허 문명을 일으켰다.

모든 문명에는 그 문명을 싹트게 한 씨앗이 있다. 메소포타미아, 이집트, 인더스와 함께 4대 문명으로 꼽히는 중국의 황허 문명에도 조와 기장이라는 곡식이 있었다. 조와 기장은 아직까지 살아남아 있지만 그 효용성은 점차 다른 곡식에 빼앗기고 있다. 어쨌거나 세상에 곡식 없는 문명은 있을 수 없다. 강과 기름진 땅도 문명의 필수 조건이지만, 그 땅에 심을 씨앗이 있어야만 비로소 농경을 시작할 수 있고, 이를 바탕으로 문명을 이룰 수 있다.

농사의 신

땅에 씨앗을 심고 싹을 틔우는 것은 아무리 봐도 어렵지 않은 일처럼 보일
것이다. 가을에 씨앗을 갈무리해 놨다가 봄에 씨앗을 뿌리기만 하면 어지간히
나쁜 조건이 아닌 이상 싹이 나기 때문이다. 그리고 그 작물은 자라서
다시 씨앗을 맺는다. 그런데 인간이 십수만 년 동안 이 간단한 원리를 알지
못했다니, 잘 이해가 되지 않을 것이다.

하지만 실제로 해 보면 농사라는 게 얼마나 어려운 일인지 금세 알 수
있다. 인터넷 검색을 하면 농사짓는 법에 관한 정보를 쉽게 찾을 수 있는데,
이렇게 수집한 정보만 가지고 농사를 지어 성공한 사례는 거의 없다. 농사는
적당히 해서 성공할 수 없는, 굉장히 까다롭고 전문적인 일이다.

농사는 문자가 만들어지기 전에 시작됐기 때문에 그 기원에 관한 기록은
없다. 다만 몇몇 신화가 존재할 뿐이다. 농사의 신은 대개 여성인데, 여자가
아이를 낳는 것과 땅에 씨앗을 심어 곡식을 거두는 것이 '생산'이라는 뜻에서
비슷하기 때문에 나온 비유다.

이집트에서 농사의 신은 이시스^{Isis}다. 이 여신은 해마다 홍수로 넓은
충적토를 만들어 농사를 지을 수 있게 한다. 이는 곧 이집트에서는 씨앗을
심는 일보다 비옥한 농토를 마련하는 것이 농사에서 훨씬 중요한 일이라고
여겼음을 뜻한다.

그리스의 농사의 신 데메테르^{Demeter} 또한 여신으로, 풍요를 상징한다.
이 신화에 따르면 데메테르와 그녀의 남동생 제우스^{Zeus}는 페르세포네

로마 국립미술관에 보관된 데메테르 흉상.

Persephone라는 외동딸을 낳는데, 지하 세계를 다스리는 신 하데스^{Hades}가
이 딸을 납치해 아내로 삼는다. 데메테르는 상심한 나머지 곡식을
자라게 하는 임무를 하지 않고, 이로 인해 곡식과 초목이 자라지 못한다.
결국 제우스의 중재로 페르세포네는 곡식이 자라는 철에는 어머니
데메테르와 지내고 나머지는 남편 하데스와 지내게 된다.

그리스 신화에서도 곡식이 자라는 것은 대지의 기운을 받아야
가능한 일로 묘사된다. 땅을 비옥하게 하고 물을 제때 주는 것이
농사에서 가장 중요한 일임을 암시하는 것이다. 씨앗을 고르고 개량하는
일도 중요하지만 작물이 자랄 수 있는 여건을 만들어 주는 것이 농사의
지름길이라는 생각이 담겨 있다.

중국의 농사의 신 후직^{后稷}은 중국의 세 번째 왕조인 주나라의

시조다. 이 신은 남성인 것이다. 그러나 후직의 신화에도 여성의 그림자가 드리워 있다. 후직의 어머니 강원姜嫄이 거인의 발자국을 밟고 후직을 가지면서 이야기가 시작되기 때문이다. 역시 '어머니'에서 출발하는 셈이다. 강원은 아비 없는 아이를 낳았다는 사람들의 비난을 못 이겨 후직을 내다 버리지만, 후직은 여러 사람의 도움을 받으며 살아남는다.

중국 신화에서 후직은 들에서 모은 씨앗으로 농업을 일으킨 인물로 묘사된다. 유목 생활을 하다가 농업으로 삶의 방식을 바꾼 사람들 가운데는 주나라 사람도 있었는데, 이들은 황허강 상류에서 조와 기장 같은 작물을 기른다. 아마도 후직은 이때 선도적인 역할을 한 사람이었을 것이다.

농업이 바꾼 세상

오늘날의 시선으로 보면 고작 풀 씨앗을 심고 재배해서 식량을 얻게 된 것이 뭐 그렇게 대단한 진전인지 의심스러울 수 있다. 하지만 인류가 농업 사회로 진입하면서 이룬 결과와 이전의 수렵채집 사회가 이룬 결과를 비교해 보면, 그저 그런 사건으로 볼 수가 없다. 농업은 우리 사회의 모든 구조를 바꾸고, 사람이 하는 일을 바꾸고, 사람 자체를 바꾸었다. 농업이 혁명이라는 것은 수렵 채취의 원시적인 삶이 오늘날 우리의 삶과 어떻게 다른지 생각하면 잘 알 수 있다. 인간이 급격하게 변하게 된 계기는 모두 농업과 관련이 있다.

현대인은 일반적으로 직업을 갖는다. 물론 없는 경우도 있지만, 대부분은 직업을 가지고 삶을 꾸려 나간다. 보통은 회사에 다니면서 보수를 받아 생활하는데, 회사원이라고 해서 모두 같은 일을 하는 것은 아니다. 회사마다 다르고, 하나의 회사 안에서 하는 일도 세분화, 전문화되어 있다. 기술, 관리, 회계, 영업 등 특정 분야의 일을 하며, 모든 일을 뒤섞어 하는 경우는 거의 없다. 회사에 다니지 않고 혼자 일한다 해도 마찬가지다. 목수라고 해서 모두 같은 일을 하는 것은 아니다. 가구를 만들 수도 있고, 집을 지을 때 나무와 관련된 일을 할 수도 있다. 글을 쓰는 작가는 자신의 전문 분야에 관한 글을 쓰고, 의사는 자신의 전문 분야에 한해서 환자를 돌보며, 변호사도 전공 분야에 맞춰 일하기 마련이다. 가게를 열어 장사를 하는 사람들도 영역이 있다. 과일 가게에서는 주로 과일을 팔고, 건어물 가게에서는 건어물 위주로 판다. 음식점에도 제각기 특성이 있다. 모든 분야가 아니라 특정 분야의 음식만 판다.

오늘날 이렇게 직업이 여러 개로 나뉘고 사람들이 자신의 특성에 맞는 일을 선택하게 된 것은 농경 사회를 거치며 직업이 다양하게 나뉘었기에 가능한 일이다. 수렵채집 시대에 직업은 남자들이 맡아서 하던 수렵과 여자들이 하던 채집, 이 두 가지밖에 없어서 직업의 분화가 일어날 수 없었다. 공동체의 규모가 작고 식량 수급이 불규칙한 상황에서 함께 살아가려면 구성원들 사이의 공평함을 유지하는 것이 가장 중요했다. 따라서 특별한 재주가 있는 구성원이라도 다른 구성원과 똑같은 대접을 받았고, 함께하는 일에서 빠질 수도 없었으며, 자신의 특기를 발전시킬 수도 없었다.

그런데 농경 시대를 지나면서 전문화된 직업이 나타나기 시작했다. 물론 대부분의 사람은 농사짓는 농민이었지만 농기구를 만드는 사람, 흙을 빚어 그릇을 만드는 사람 등이 등장했다. 오늘날 도자기는 대개 옛날 옛적 신석기 시대를 상징하는 물건으로 여겨지지만, 사실 도자기 제조 장인은 첨단 기술을 다루는 직업인이었다. 흙을 도자기로 탄생시키는 것은 마법과 같은 일이었다. 사람들 사이에서 물건을 교환해 주는 상인도, 다른 나라의 상인과 교역하는 무역상도 생겨났다. 모두 농경 시대 이후에 벌어진 일이다.

이렇게 전문적인 일을 하는 사람들은 농사를 짓지 않기 때문에 식량을 누군가가 대 주어야 한다. 그러려면 사회에 남는 생산물이 있어야 한다. 수렵채집 시절에는 식량 자원이 얼마 없었기 때문에 부족의 규모를 키울 수 없었다. 일정한 범위의 땅에서 수렵과 채집으로 먹고살 수 있는 인구수에 한계가 있는 탓이다. 인구수가 적정선을 넘으면 사냥과 채집을 위해 오가는 거리가 늘어 부족 생활에 차질이 생긴다. 그래서 땅의 식량 생산량에 맞춰 인구를 유지할 수밖에 없었다. 그러나 농경 사회에서는 농사지을 땅을 개간하고 노동량을 늘리면 더 많은 식량을 얻을 수 있다. 농경 사회에서 인구는 물을 대서 농사지을 수 있는 땅의 넓이에 비례해 증가했다.

족장의 권력이 커지다

수렵채집 시대의 족장은 부족 안의 원로로서 권위를 내세우거나 명령을 내리는 것이 아니라 부족 구성원이 공평하게 생활할 수 있도록 관리하는 역할을 했다. 그래야 사냥에 실패해 식량이 부족할 때도 질서를 유지하며 다툼을 피할 수 있기 때문이다. 종족의 생존을 위해 분란을 없애야 했다. 구성원 간의 결속은 이웃 부족과 영역 싸움을 할 때도 큰 역할을 했다.

그러나 농업 사회가 되면서 족장은 구성원의 이해를 조정하는 데서 나아가 각기 역할이 다른 구성원들을 관리하는 통치 계급으로 변했다. 그러면서 점차 권력적인 모습을 보였다. 누군가의 운명을 결정한다는 것은 권력이 있다는 뜻이다. 족장을 도와 세금을 거두고 신민臣民을 지배하는 관리들이 생겨났고, 나라를 지키고 이민족을 침략하기 위한 군대가 만들어졌다. 부족민은 점차 족장의 권력에 복종했고, 날이 갈수록 족장의 힘은 커졌다.

나르메르의 화장판. 기원전 3100년 무렵 만들어진 것으로, 이집트 통일 과정이 기록돼 있다. 앞면(왼쪽) 두 번째 칸에는 나르메르가 전쟁 포로를 정으로 내리치는 모습이 담겨 있고, 뒷면(오른쪽) 두 번째 칸에는 통일 이집트의 왕으로 등극했음을 상징하는 그림이 담겨 있다.

그렇게 인구가 늘고 다른 부족과의 싸움을 통해 부족이 통합되면서 사회는 더 커졌다. 싸움에 이긴 족장은 전보다 큰 권력을 차지했고, 싸움에서 패배한 부족민은 이긴 부족민의 노예가 되기도 했다. 이제 사회 구성원은 평등하지 않았다. 차츰 여러 계급으로 나뉘었고, 신분이 세습됐다. 계급에 따라 하는 일이 달라지기도 했다. 사회를 구성하는 요소가 다양해진 것이다.

족장의 권력화는 대개 신석기 시대가 끝날 무렵부터 청동기 시대 초기까지 나타나는 현상이다. 부족들은 서로 연합하기도 하고, 다른 부족을 정복하기도 했다. 그러면서 부족의 규모는 점점 커져 국가가 됐고, 족

수메르 문명의 도시 국가 우르의 왕실 무덤에서 발견된 모자이크 〈우르의 깃발〉.
기원전 2500년 무렵의 작품으로, 전쟁의 승리를 기념하는 모습이 담겨 있다. 전차 모는 지휘관,
행진하는 병사들, 축배 드는 왕과 귀족, 전리품을 나르는 사람들이 그려져 있다.

장은 왕이 됐다. 넓은 영토는 다스리기 좋게 행정 구역으로 나뉘었고, 거대한 군대가 만들어졌다. 그 군대를 이용해 이웃 나라의 침략에 대비하는 동시에 다른 나라를 정복했다. 기원전 4000년 무렵 메소포타미아 남부 지역에 세워진 도시 우르Ur의 왕조, 기원전 3100년 무렵 이집트의 왕 나르메르Narmer, 기원전 2400년 무렵 중국의 요堯임금과 순舜임금, 기원전 2100년 무렵의 우왕禹王 등이 족장에서 한 걸음 더 나아간 군주다.

정복 전쟁이 계속되면서 거대한 영토를 다스리는 제국이 등장했다. 각 지역은 제국의 일부로 재편됐고, 왕의 대리인이 통치했다. 수메르 북쪽의 변방에 있던 아시리아는 기원전 11세기 티글라트필레세르 1세 Tiglathpileser I에 의해 거대한 제국이 된다. 인더스 문명도 아리아인에게 점령당하며 제국이 되었고, 중국에서는 하나라가 주변 국가들에 영향력을 행사하며 중원을 지배한다.

이것이 씨앗을 뿌려 농업을 시작한 뒤로 이루어진 변화다. 이렇게 시작된 사회가 오늘날까지 이어진 것이다. 지금은 농업에 제조업, 서비스업 등이 더해졌지만, 그리고 왕은 '대통령' 또는 '수상'이라는 이름으로 불리지만 기본적인 체제는 농경 시대와 다르지 않다. 사실상 인간 삶의 기본 형태를 만든 것은 농업이고, 그 농업을 있게 한 것은 바로 씨앗이다.

신석기 혁명과 사유 재산

오늘날 거의 모든 나라에는 사유 재산이라는 개념이 있다. 집에도 '내집'과 '남의 집'이 있고, 땅마다 주인이 있다. 국가가 가진 땅은 국유지라 부른다. 이러한 사유 재산 개념이 만들어진 것도 농경 시대 때의 일이다. 수렵채집 시대에 부족의 재산은 공유물이나 다름없었다. 물론 부족이 함께 사는 공간에도 생활 구역이 나뉘어 있고 사냥 도구를 비롯한 몇몇 물건은 개인이 소유하기도 했다. 그러나 그것은 일시적이었다. 소유주가 죽거나 사고가 생기면 그 물건은 다시 부족민 전체의 것이 됐고, 다른 사람이 물려받았다. 숲과 동물은 자연이기 때문에 소유할 수 없었다. 각 부족의 영역이 있을 뿐이었다.

그러나 농업 사회가 되면서 변하기 시작했다. 처음에 땅은 누구의 소유도 아니었다. 그저 빈 땅에 불을 지르거나 개간을 해서 씨앗을 심었을 뿐이다. 그러나 그 땅에 계속 농사를 지으면서 차츰 그 농부의 것이 됐다. 물론 그 땅이 부족의 것이어서 사유 재산의 경계가 명확하지 않은 경우도 있었지만 자기 몫의 농산물을 얻는 땅이 고정되어 갔고, 그 땅은 점차 개인의 소유가 됐다. 물론 토지를 배분할 권리는 국가에 있었지만 대개는 그 토지에서 나오는 생산물에 대한 세금을 받을 뿐이었다. 따라서 토지 자체의 권리는 농사짓는 사람에게 있다고 생각했다.

토지에 대한 소유나 권리의 형태는 다양하고 복잡했다. 귀족과 같이 권력을 지닌 사람이 세금을 대신 지급하면 토지에 대한 권리는 농민이 아니라 세금을 지급한 사람에게 있는 것으로 여겨지기도 했다. 중국에서는 씨족일 경우 공동의 소유물로 인정받았고, 도시 국가에서는 국가의 것이었다가 국가가 세금의 권한만 가지면서 개인 소유가 되기도 했다. 어쨌거나 토지에 대한 사유권, 그리고 집과 재산에 대한 사유권은 기본적으로 농업 사회에서 시작됐다. 사유권은 공산주의에 의해 부정되기도 했지만 여전히 현대 사회를 이루는 근원이다. 오늘날에는 공산주의조차 무시하지 못하는 강력한 개념이 됐다.

이쯤이면 씨앗이, 그리고 씨앗이 이뤄 낸 농업 사회가 우리에게 얼마나 중요한지 실감할 것이다. 그러나 아직도 멀었다. 씨앗이 우리에게 준 변화는 이보다 훨씬 더 크고 깊은 의미가 있다.

과학 기술의 발달

인간이 곡식을 먹기 시작하면서 새로운 필요가 생겨났다. 곡식에 붙은 단단한 겉껍질을 벗기지 않으면 먹을 수가 없었던 것이다. 곡식의 겉껍질을 벗겨 내는 절구, 곡식을 가루로 만드는 맷돌 등의 도구가 필요했다. 이뿐만이 아니다. 겉껍질을 벗기거나 가루로 만든다 해도 요리를 하려면 또 다른 도구가 있어야 했다. 사냥해 온 고기를 요리하거나 채집한 재료를 먹을 때는 자연물을 이용해 적당히 해결했지만, 알곡이나 가루 형태의 곡식을 물에 반죽하거나 불에 익혀 먹으려면 보다 정교한 도구들이 필요했다. 나무나 돌을 깎아 사냥용 창과 화살을 만들 때와는 전혀 다른 기술이 요구됐다. 인간은 여러 시행착오를 거치며 다양한 도구를 만들기 시작했다. 이것이 바로 신석기 혁명이다. 신석기 혁명의 가장 구체적인 지표는 토기土器의 사용이다. 흙을 오목하게 빚은 뒤 불에 구워 그릇을 만든 것이다. 이는 모든 문명의 발상지에서 공통적으로 발견되는 특징이다. 남북아메리카의 문명 역시 마찬가지다. 도구의 발명은 인류 발전의 동력이 됐다.

농사짓는 데 쓸 기구도 필요했다. 일단 굳은 땅을 파고 질긴 곡식의 줄기를 잘라야 했다. 그래서 돌을 갈아 농기구에 날을 세웠다. 또 가뭄이 심하면 작물이 자랄 수 없으므로 밭에 물을 줘야 했다. 관개시설 역시 4대 문명에서 공통적으로 만들어진다. 물론 물을 가두는 시설도 만들었다. 또 물을 멀리 흘려보내려면 기울기를 정교하게 설계해야 했다. 이런 모든 문제를 해결하기 위해 수렵채집 시대보다 훨씬 심화된 기술을 개발했다. 씨앗이 기술 개발에 엔진을 달아 준 셈이다.

가을에 추수한 곡식은 이듬해 가을까지 오랫동안 보관하며 먹어야 했다. 그래서 눈비를 피해 곡식을 보관할 창고를 설치했다. 또 먹는 양도 적절히 조절해야 했다. 그렇게 하지 않으면 다음 추수까지 버틸 수가 없었다. 이는 언뜻 보면 아주 간단한 일 같지만 사실 굉장히 복잡한 문제였다. 곡식 양을 정확하게 계산하려면 양이나 무게를 잴 수 있어야 했고, 도량형도 통일해야 했다. 또 셈법도 필요했다. 곡식 양을 잴 셈법만 필요한 것도 아니었다. 곡식 수확량은 대개 땅의 넓이에 비례하는데, 그해의 수확량을 파악하려면 얼마만큼 넓은 땅에 씨앗을 뿌려야 하는지, 또 씨앗은 얼마만큼 필요한지 계산해야 했다.

땅의 넓이를 재기 위해 개발된 셈법이 기하학이다. 기하학을 가리키는 영어 'geometry'는 고대 그리스어에서 유래한 말로 '땅을 측량하다'라는 뜻이고, 한문으로 번역된 '기하幾何'는 '얼마'라는 뜻이다. 땅은 네모반듯한 것이 아니기에 삼각형과 원형의 성질을 파악해야 넓이를 구할 수 있

스위스에서 발견된 신석기 시대의 도구. 밀 껍질을 벗기는 데 쓰던 돌, 타 버린 빵, 곡물과 작은
사과, 녹용이나 점토로 만든 그릇 등이 있다.

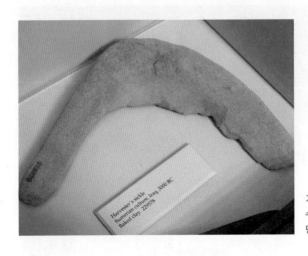

기원전 3000년 무렵
수메르 문명에서
만들어진 낫.

는데, 오늘날 우리는 수학 시간에 도형의 넓이 재는 법을 배우기 때문에 쉽게 이해하지만 처음에는 쉽게 터득할 수 있는 개념이 아니었다.

기하학은 농업이 시작된 곳, 수메르에서 탄생했다. 그 뒤 보리 씨앗과 함께 이집트로 전해졌다. 그리스의 수많은 기하학자가 이집트에서 기하학을 공부했고, 더욱 발전시켰다. 그리스의 수학자 에라토스테네스 Eratosthenes가 지구의 크기를 잰 것도 이집트에서의 일이다. 놀랍게도 그가 계산한 측정값은 오늘날 계산한 측정값과 큰 차이가 나지 않는다. 고대 기하학은 이후 피타고라스의 정리가 추가되고 유클리드가 집대성하면서 완성됐다.

땅이 공동의 것일 때는 생산량을 측정하는 셈만 필요했다. 그러나 땅의 주인이 생기고 나라에서 세금을 걷기 시작하면서 보다 정교하게 땅을 측량하는 법이 필요해졌다. 그래야 공평하게 세금을 거둘 수 있기 때문이다. 그리고 이러한 기하학적 지식은 건물을 짓거나 수로를 만들거나 성을 쌓는 토목에도 유용한 지식이 되었다. 생산물 교환이 활발하게 이루어지고, 곡식이 가격을 가늠하는 기준이 되면서 셈은 더욱 정교해졌다. 그 셈들이 모여 회계 지식이 만들어졌다. 오늘날 기업에서 이루어지는 회계도 이때 기반을 닦은 것이다.

달력을 만들다

농업의 셈은 여기서 그치지 않았다. 농사를 지으려면 절기 계산도 정확하게 해야 했다. 계절의 변화를 알아야만 씨앗 뿌릴 때와 곡식 거둘 때를 알 수 있기 때문이다. 경험으로 얻은 지식이 많은 부분을 해결해 주긴 했지만, 자연은 변덕이 심하기 때문에 보다 철저한 계산법이 필요했다. 물론 계절의 변화를 파악하는 일은 수렵채집 시대에도 중요했다. 그러나 대략적인 시기만 알면 될 뿐이었기에 정교한 역법曆法. 천체의 주기적 현상을 바탕으로 절기, 달, 계절을 정하는 법은 필요 없었다. 해와 달과 별은 시간의 척도보다 공간의 척도인 방향을 가늠하는 데 더 큰 역할을 했다. 그러나 농경 사회에서는 달랐다. 절기를 정확하게 모르면 봄에 씨앗을 너무 일찍 뿌렸다가 한파가 들이닥쳐 작물이 얼어 죽을 수도 있고, 이른 서리에 다 된 농작물이 피해를 입을 수도 있었다. 자연재해를 모두 막을 수는 없지만 최대한 대비하려면 절기를 정확하게 알아야 했다.

오늘날 우리는 절기에 지구의 자전과 공전이 가장 큰 영향을 미친다

첨성대. 신라 시대에 만들어진 천문대로, 동양에서 가장 오래됐다.
하늘을 지배하는 자가 땅을 다스렸다.

는 사실을 알고 있다. 그러나 이러한 사실을 깨닫기까지 해와 달과 별의 운행運行을 지속적으로 관측하고 기록하는 작업을 해야 했다. 날씨와 같은 제약 때문에 관측할 수 없는 날도 많아 몇 해만 지켜봐서는 정확하게 알 수 없었고, 전담자를 두고 기록하며 자료를 축적해야 했다. 이러한 과정을 통해 달력이 탄생했다. 하늘의 운행을 아는 것은 통치자가 지녀야 할 덕목 가운데 가장 중요한 것으로 꼽혔다. 하늘의 이치를 알아야 땅을 다스릴 수 있다는 것은 당연한 결론이었다.

해와 달과 별의 움직임을 측정하기 위해 기준을 마련하고, 참을성 있는 학자들이 끊임없이 하늘을 관측했으며, 관측한 내용을 기록할 문자를 만들었다. 그렇게 해서 1년의 날수를 정하고, 달의 움직임을 기준으로 한 달의 날수를 정하고, 해가 뜨고 지는 위치를 기준으로 계절을 나누었다. 그리고 파종 시기를 계산하는 데 쓸 역법을 농사짓는 사람들에게 배포했다.

달력을 최초로 만든 사람들에 관한 기록은 남아 있지 않지만 어느 지역에서 만들어졌는지는 짐작할 수 있다. 오늘날 우리가 쓰는 달력에 그 흔적이 남아 있기 때문이다. 달력에는 모든 농업과 문명의 시작인 메소포타미아 지방의 향기가 짙게 배어 있다. 이 지역은 12진법과 60진법을 썼다. 한 달을 30일로 정한 것은 밤하늘에서 가장 뚜렷하게 볼 수 있는 달의 변화를 기준으로 했고, 1년은 지구가 태양을 중심으로 공전하는 주기를 기준으로 정했다. 그리고 달이 지구를 한 바퀴 도는 시간을 기준으로 1년을 12개월로 나눴다. 하지만 달의 공전 주기를 기준으로 한 12개월은 지구의 공전 주기보다 며칠 짧기 때문에 몇 년에 한 번씩 윤달을

두어 이를 해결했다. 윤달이 있는 해는 13개월이 되는 셈이다. 또한 태양의 움직임에 따른 절기로 태음력의 단점을 보완했다. 이렇게 만들어진 달력을 태음태양력이라 한다. 이 방법이 동양에서도 쓰였다. 달을 중심으로 한 음력 체계를 쓰면서도 60진법을 이용해 날짜를 표시하고 더 나아가 연도까지 표기했다. '환갑'이라는 풍습도 이 십간십이지十干十二支에서 나왔다. 12진법과 60진법의 흔적은 시계에도 확실하게 남아 있다. 동서양 시간 계산의 표준이 된 것이다.

이러한 천문학은 농업 사회에서 최고의 지식으로 꼽히는 학문이다. 천문에 대한 이해는 결국 세상 만물의 움직임에 대한 이해로 나아가기 때문이다. 봄, 여름, 가을, 겨울을 지나 다시 봄이 오는 법칙과 끊임없이 형태를 바꾸는 만물의 모습은, 이 세상은 과연 무엇이고 어떻게 운행되는지 궁금증을 자아낸다. 그런 궁금증이 모여 학문이라는 커다란 강을 이룬다.

종교의 변화

대자연 앞에 약하기 짝이 없는 존재인 인간은 두려움을 이기기 위해 신을 필요로 했다. 그래서 수렵채집 시대에는 자연에 깃든 정령을 중요한 신으로 여겼다. 동물을 사냥하고 식물을 채집해 먹고살려면 자연의 협조가 반드시 필요했다. 그래서 세상 만물에는 영혼이 깃들어 있다고 생각했다. 특히 사냥감이 되는 동물들에게는 인간과 공유하는 영혼의 영역이 있다고 생각했다. 수렵채집 시대는 인간과 자연이 서로의 세계를 공유하고 순응하며 살아가던 정령들의 세상이었다.

농업은 신에 대한 관념도 바꾸었다. 수렵채집 시대에는 수렵의 대상인 동물과 채집의 대상인 식물에게 마음을 투사했지만 농업 사회에서 이런 것들은 별로 중요하지 않았다. 중요한 것은 농업의 성공과 실패를 좌우할 태양과 비와 바람과 천재지변이었다. 가뭄, 홍수, 폭풍 등의 재난으로 한순간에 농사를 망칠 수도 있기 때문이다. 그래서 종교도 태양이나 천둥, 비와 바람과 같은 힘센 자연신을 숭배하는 방향으로 바뀌었다. 그리고 자연물인 동물과 식물은 사람과 거의 대등한 위치에서 인간보다 부족한 존재로 지위가 낮아졌다.

이처럼 문자, 수학과 과학, 종교 등 인간 사회를 구성하는 거의 모든 요소는 농업이 시작되면서 생겨났고, 지금까지도 힘을 발휘하고 있다. 현대는 산업 사회이기에 농업보다는 공업과 상업, 금융이 세상을 지배하는 것 같아 보이지만, 농업은 여전히 중요한 역할을 하고 있다. 세상이 변했어도, 농사일의 많은 부분을 기계가 대신한다 해도 우리는 여전히 농업의 생산물을 먹고 산다. 소, 닭, 돼지 등의 고기는 오히려 예전보다 더 먹는다. 가축도 씨앗에서 난 것들을 먹고 자란다. 모든 것이 씨앗의 산물임은 여전히 변함이 없다. 우리는 농업의 세계도, 씨앗의 세계도 벗어나지 못했다. 앞으로도 완전히 벗어나기는 힘들 것이다.

농경 시대가 열리면서 인간 삶에 커다란 변화가 생기고 다양한 분야에서 발전이 이루어졌지만 수렵채집 시대에 비해 아주 풍족하거나 여유로워진 것은 결코 아니다. 공동체의 규모가 커지고 문물이 발달하고 사회는 훨씬 조직화되어 이전에 볼 수 없던 새로운 시대가 펼쳐졌지만 개개인의 삶이 수렵채집 생활을 할 때보다 편해진 것은 아니라는 말이다. 물론 일부 사람은 부유해지고 여가 시간도 늘었지만 대부분의 사회 구성원은 삶의 질이 눈에 띄게 떨어졌다.

수렵채집 시대에는 지나친 노동이 있을 수 없었다. 사냥이 쉬운 일은 아니지만 힘쓰는 건 잠시뿐, 재미도 있고 휴식도 충분히 취할 수 있는 활동이었다. 요즘도 직업이 아니라 취미로 하는 사냥은 노동이 아닌 놀이로 여겨진다. 채집도 마찬가지다. 자연에 있는 것을 거두는 일은 많은 노동을 요구하지 않는다. 봄철에 들과 산에 올라 나물을 채취하는 일은 노동인 동시에 사는 이야기를 나누며 즐기는 오락이다. 수확기에 열매를 따는 일도 그렇다. 물론 노동력이 들긴 하지만 열매를 먹거나 이야기를 나누며 즐기는 부분이 있는 것도 사실이다.

이처럼 수렵, 채집 활동은 노동과 오락이 구분되지 않는 경우가 많다. 수렵채집 사회에서 노동보다 귀중한 것은 놀이였다. 사냥을 마친 뒤에는 함께 고기를 먹으면서 놀이를 즐겼다. 사냥과 채집에 모두 실패하면 굶어야 했으므로 끼니는 불규칙했지만 생활은 노동보다 휴식과 놀이로 채워졌다.

고대 이집트 왕의 무덤에서 발견된 그림.
농사짓는 장면이 담겨 있다.

　　반면에 농경 시대 사람들은 매우 심한 노동에 시달려야 했다. 밭을
갈고, 씨를 뿌리고, 밭에 물을 대고, 잡초를 제거하고, 곡식을 수확하고,
탈곡하고, 보관하고, 절구에 찧어 요리해 먹는 모든 과정이 노동의 연속
이었다. 농한기인 겨울철을 뺀 봄부터 가을까지 흙에 붙어살아야 했고,
허리 한 번 펴기 힘들 정도의 고강도 노동에 시달려야 했다. 수렵, 채집
을 할 때보다 준비해야 할 것도 많았기 때문에 농한기에도 충분히 쉬지
못했다. 수렵채집 시대에는 1년에 절반 정도를 놀이로 보냈지만, 농경 시
대에는 바쁜 농사철인 여름의 음력 5월 5일 단옷날, 음력 6월 15일 유둣
날, 추수 직후 등 며칠 빼고는 놀지도 못했다. 그러면서 흥겨운 축제와 놀
이 문화도 많이 사라졌다.

영국 오크니 제도에 남아 있는
신석기 시대의 마을 유적.

　그렇다고 삶의 질이 높아진 것도 아니었다. 우선 식량의 질이 눈에
띄게 떨어졌다. 사냥에 실패해 배를 곯는 일은 없어졌지만 곡식 위주로
먹다 보니 양질의 단백질을 섭취하기가 어려웠다. 노동량에 비해 질이 떨
어지는 식사를 했으므로 많이 먹어 모자람을 채워야 했다. 물론 비교적
온순한 소, 양, 돼지 등을 집에서 기르기도 하고, 짐승을 데리고 풀밭을
다니며 유목 생활을 하기도 했다. 그러나 수렵채집 시대에 사냥해서 먹
던 것에 비하면 양이 훨씬 적었다. 고기의 빈자리를 대신 차지한 푸성귀
는 영양 면에서 대부분 실속이 별로 없었다. 지금도 흔히 먹는 나물, 오
이, 호박만 해도 수분과 미네랄은 풍부하지만 탄수화물이나 단백질 함
유량은 보잘것없다.

　삶의 질은 먹고 일하는 문제에 그치지 않는다. 동물 가죽과 털을 구
하기가 어려워지면서 입을 것도 새로 찾아야 했다. 식물 섬유를 이용하
는 것이 가장 실용적인 대안이었지만, 식물을 재배한 뒤 섬유를 채취해
옷감으로 짜기까지 너무나 많은 시간과 노동력이 들었다. 게다가 보온성

도 떨어졌다. 동물의 가죽과 털로 만든 옷은 그야말로 귀한 것이 되어 서서히 상류층 차지가 됐다.

또 수렵채집 시대에는 숲이나 그 언저리에 집을 짓고 살았지만, 농경 시대에는 농사를 짓는 들판에 거주해야 했다. 벌판은 바람도 많이 불고, 집 지을 재료도 마땅치 않았다. 흙과 돌, 풀줄기 정도가 고작이었다. 한낮의 뜨거운 햇볕과 서늘한 바람을 막아 줄 나무도 없었다. 요리를 해야 하는 곡물을 주식으로 삼았기에 연료도 많이 들었는데 들에서는 땔감을 구하기도 쉽지 않았다. 게다가 가축을 기를 경우 사람이 생활하는 공간은 더 좁아져 주거의 질도 낮아졌다.

계급 분화와 빈부 격차

농업이 가져온 가장 큰 변화는 계급의 분화다. 앞서 설명한 것처럼 족장은 구성원 간의 이해를 조정하는 데서 나아가 가장 우월한 위치로 올라섰고, 농업으로 생겨난 잉여 생산물도 차지했다. 신분이 나뉘면서 빈부 격차가 생긴 것이다. 부족 생활을 하던 때만 해도 신분에 의한 빈부 격차는 크지 않았다. 그러나 부족 간의 전쟁으로 노예가 생기면서 차이가 급격하게 벌어졌다. 국가의 단계가 되자 노예 없이는 생산이 원활하게 되지 않을 정도로 노예가 늘어났다.

대부분의 문명에서 노예는 청동기 시대에 등장했다. 신석기 시대 말부터 당시 새로운 기술인 청동기를 가진 부족과 그렇지 못한 부족이 생겨났기 때문이다. 중국 중원을 예로 들어 보자. 당시 청동기를 지닌 부족은 그렇지 못한 부족에게 자신들을 따르라고 명령한 뒤 이를 듣지 않으면 무력으로 정벌하고 부족 전체를 노예로 삼았다. 그리고 얼굴에 먹물로 문신을 새겨 노예임을 표시했다. 물론 계급은 같은 부족 안에서도 나뉘었다. 군대에서도 족장과 가까운 인척은 지휘관의 위치를 차지했고, 족장과 관계가 먼 사람은 병졸이 됐다. 이런 식으로 계급 분화가 진행됐다.

사회 구성원은 왕, 왕을 보좌하는 관리와 군인, 평민, 노예 등 다양한 계급으로 나뉘었고, 평민에는 물건을 생산하는 장인과 농사짓는 농민이 포함됐다. 계급은 집, 옷, 음식 등 사람이 일상적으로 누리는 모든 것에 반영됐다. 왕의 제사상에 놓을 수 있는 음식 가짓수와 제후나 신하의 제사상에 놓는 음식의 가짓수까지 상세하게 규정하고, 이를 예로 여겼다. 계급마다 입을 수 있는 옷과 사는 집의 규모도 제한됐다. 재물이 많아도 신분의 규약을 벗어날 수 없었다.

또한 신분은 세습되어 개인의 노력에 의한 신분 상승도 불가능해졌다. 왕의 아들은 다시 왕이 됐고, 관료의 아들은 관료의 직책을 이어받아 귀족이 됐으며, 평민의 자식은 평민으로, 노예의 자식은 노예로 살았다. 이처럼 출생과 동시에 신분이 정해지면서 사회는 신분으로 쌓아 올린 거대한 수직 구조가 되었다. 개인에게는 이에 맞설 기회가 거의 없었다.

작은 국가일 때는 그나마 신분과 재산에 따른 불평등의 정도가 덜했지만, 수많은 침략 전쟁으로 국가가 커다란 제국으로 변하면서 불평등의 크기는 눈덩이처럼 커졌다. 이처럼 획일화, 계층화하고 부의 불균형이 심각한 사회에서 낮은 지위로 산다는 것은 고통스러울 수밖에 없다. 자신의 능력이나 희망과는 상관없이, 이미 사회가 지정한 것 말고는 할 수 있는 역할이 없기 때문이다. 농업 사회를 사는 하층민에게 탈출구는 제한되었고, 삶은 가난에 찌들었다.

계급적 사고는 종교에도 영향을 줬다. 자유롭고 생동감 넘치는 곳으로 여겨졌던 세상과 자연과 신들의 세계는 인간 세상을 좇아 수평적인 것에서 수직적인 것으로 바뀌었다. 수렵채집 시대의 정령들에게는 계급이 없었다. 그들은 인간들처럼 서로 대등하고 공평하게 지내며 자신의 역할을 할 뿐이었다. 그러나 농경 시대에 들어 계급이 나뉘면서 신들의 세상에도 변화가 일었다. 신들의 사회에도 서열이 생겼고 음모와 모함이 난무했다. 힘센 신과 함께 변방을 떠도는 신들도 생겼다. 지상에 들어선 거대한 제국을 다스리는 무소불위의 황제처럼 절대 권력을 지닌 신들이 생겨났고, 유일신과 같이 온 세상을 지배하는 신들도 나타났다. 고대 이집트의 태양신 아톤Aton, 고대 페르시아 종교인 조로아스터교zoroastrianism와 여기서 파생된 유대교judaism가 이에 해당한다. 이들 일신교—神敎, 하나의 신만 인정하고 섬기는 종교는 다른 문화권이나 종교에 적대적인 태도를 보였다.

계급의 등장이 종교만 바꾼 것은 아니다. 사회 구조의 변화는 사고방식도 지배한다. 오늘날에도 우리는 무엇을 생각할 때 중요한 것을 맨 위에 두고 그보다 덜 중요한 것을 아래 배치하며 피라미드식으로 사고한다. 그리고 이를 자연스럽고 아름다운 것으로 받아들인다. 지식과 학문 체계도 계층화되어 있다. 또 우리는 누군가를 평가할 때도 알게 모르게 계층적으로 생각하며, 스스로 정당화한다. 수천 년의 시간을 보내면서 모든 인간이 평등하다는 사실을 깨달았으나 아직도 진정한 의미의 평등

파라오와 그의 가족이 아톤을 경배하는 모습. 아톤은 태양에서 뿜어져 나오는 빛으로 표현된다.
빛 끝에는 손이 달려 있다.

은 이루어지지 않고 있다. 이처럼 농업과 씨앗은 계급과 불공평, 수직적
인 사고와 권위적인 종교도 만들어 냈다.

그래도 진화한다

비록 개개인의 삶의 질은 떨어졌지만, 농경 시대에 들어 인구가 증가하고
잉여 생산물이 많아져 다양한 분야에서 진화를 이룬 것은 사실이다. 지

식과 지혜를 발전시켜 과학 기술을 개발하고 문화와 예술을 창조할 수 있었던 것은 틀림없이 농업 덕분이다. 농업은 인간 삶의 새로운 영역을 열었고, 인간 스스로 이 땅의 주인이라는, 그래서 여느 동물과는 다른 특별한 존재라는 생각을 가지게 했다. 때로는 성취가 지나쳐 모든 생물과 자원을 인간에게 봉사하는 것으로 여기기도 했다. 그리고 이런 인간의 탐욕은 환경오염과 자원 고갈, 기후 변화와 같은 위기를 가져왔다. 지금은 인류의 미래, 지구의 앞날을 걱정하는 단계까지 이르렀다. 어쨌거나 이 모든 것은 농업에서 시작했다.

세종의 농업 정책

조선은 농업을 삶과 정치의 기둥으로 삼는 농업 국가였다. 오랜 기간 모든 통치 수단은 논과 밭에서 나는 곡식에 의존했다. 땅은 서민 삶의 기본인 동시에 국가와 귀족이 거둬들이는 수입의 기반이었다. 그러기에 다른 어떤 것보다 토지 제도가 중요했다. 여기에 국가의 운명이 달릴 정도였다.

백성을 하늘로 여기는 유교 국가였던 조선은 농업 생산을 가장 중요시했다. 백성 가운데서도 특히 농민을 보호하기 위해 조세 제도도 개혁했다. 이 개혁은 고려 말 이성계가 집권하면서 시작됐지만 제도가 갖춰진 것은 세종 때이며, 그 손자 세대인 성종 때 완성됐다.

세종이 농사일을 위해 가장 먼저 한 것은 놀랍게도 천문 관측이다. 세종은 고려 시대부터 이어져 온 천문 관측을 맡아보던 서운관을 관상감으로 확대하고 혼천의渾天儀 같은 도구를 만들어 독자적인 역법을 개발, 반포했다. 이전에는 중국의 역법을 받아서 썼기에 해마다 사신을 중국에 보내 달력을 받아 와야 했다.

농사에서 절기와 때를 아는 것은 기본이다. 당시에도 일반적인 날수 계산은 음력을 사용했지만 24절기와 같이 농사일에 중요한 것은 보다 정확하게 계절을 알 수 있는 양력을 사용했다. 중국에서 받아 온 역법은 북경을 중심으로 정한 것이기에 우리와 경도와 위도가 달랐다. 그래서 한양을 중심으로 한 새로운 역법인 《칠정산七政算》을 만들었다. 세종은 하늘의 해와 달과 별만 관측하는 것이 아니라 측우기를 만들어 강수량도

기록하게 했다. 뭐든 기록해 경험치를 쌓고 현실에 반영해야 농사가
어그러지지 않는 법이다.

게다가 '공법貢法'이라는 조세 제도를 실시해 백성의 조세 부담을
줄이려 노력했다. 토지의 면적과 등급에 비례해 세금을 내되, 금액을
계산할 때 관리들이 농간을 부리지 못하게 하고 가능한 최저 수준에
머물도록 한 것이다.

왕조 시대의 땅은 원칙적으로 모두 국가의 것인데 당시에는 일부
계층이 독점하고 있었다. 그러나 세종의 이런 노력 덕분에 생산자인
농민에게 더 많은 곡식이 돌아갈 수 있었고, 농사지을 권리도 조금씩
농민에게 주어졌다. 일부 계층에 의해 사유화됐던 토지가 다시 국가의
것으로 돌아온 것이다. 백성에게 농사지을 권리가 생기면서 '백성의 땅'을
뜻하는 '민전民田'이라는 말도 나왔다.

조선 왕조가 500년이라는 오랜 시간을 집권할 수 있었던 것은
농업을 중요시하고, 생산물을 비교적 공평하게 나누고, 백성의 세금
부담을 줄여 생산을 장려한 덕분이기도 하다. 적어도 고대부터 중세까지
농업은 국가가 가장 중요하게 다루는 일이었고, 과학 기술은 이러한
농업을 발전시키는 데 쓰였다.

세종 때 만들어진 측우기.
강우량을 측정하는 것은 농사를 과학화하는 일이다.

인간을 살린 곡식

메소포타미아 하류에서 발생한 '씨앗의 혁명'은 차츰 주변 지역으로 퍼져 티그리스강과 유프라테스강의 상류까지 진출했다. 이 지역의 도시들은 농업으로 부를 쌓고, 상업으로 부를 불렸다. 전쟁을 통해 도시들이 통합되면서 국가가 세워졌고, 더 나아가 제국으로 발돋움했다. 수메르가 세운 문명은 셈족으로 통합되어 바빌로니아 제국으로 재탄생했다. 결국 보리와 밀이 제국을 만든 셈이다.

이런 도시화와 전쟁과 무역이 메소포타미아 문명에서만 발생한 것은 아니다. 문명의 씨앗은 주변 지역뿐만 아니라 멀리 떨어진 곳으로 전파되기도 했다. 전쟁과 상업은 지역 간의 거리를 줄이고 물건을 전달하는 역할도 한다. 메소포타미아보다 조금 늦게 시작된 인더스 문명과 이집트 문명에서 보리를 주요 작물로 삼았다는 것은 보리 씨앗이 수메르에서 이 두 지역으로 전해졌음을 뜻한다. 씨앗의 전파는 다른 어떤 물건의 전파보다 근본적인 변화를 불러일으킨다. 황금과 보석이 전파되면 몇몇 사람들만 호사스러워질 뿐이지만 씨앗이 옮겨 가 너른 들판에서 곡식으로 자라면 사회 구조 자체가 바뀌기 때문이다.

메소포타미아 문명, 인더스 문명, 이집트 문명은 홍수로 드넓은 충적평야가 만들어진 큰 강 유역에서 발생했다는 공통점이 있다. 물론 인더스 문명과 이집트 문명은 홍수로 인한 직접적인 피해를 줄이기 위해 지류에서 농사를 짓기 시작했지만 메소포타미아와 거의 같은 성과를 이루었다. 다만 고온 다습한 인더스 문명은 밀 대신 보리와 대추야자, 완두콩

대추야자. 오늘날에도 오아시스 농업 지역에서는
중요한 작물로 꼽힌다.

지중해 유역에서 재배되던 완두콩.

을 주요 식량으로 삼았다.

　이집트 문명도 보리를 주로 심었지만 밀도 재배했다. 이집트에서는 나일강이 매년 일정한 시기에 범람했기 때문에 그 시기만 피해 작물을 심었다. 그러니 메소포타미아보다 측량이 발달할 수밖에 없었다. 나일강의 범람은 땅의 경계와 삶의 자취를 씻어 가는 대신 비옥한 흙을 실어왔다. 농업의 생산성을 높이는 데 있어 매년 새로운 퇴적토를 제공하는 것만큼 좋은 일은 없다.

　보리와 밀은 완전히 다른 종자이지만 낟알은 비슷한 점이 있다. 낟알 끝에 가시처럼 생긴 기다란 까끄라기가 달렸고, 봄에 심는 품종과 가을에 심는 품종이 따로 있다는 것이다. 또 생육 조건이 까다롭지 않아 재배하기가 비교적 쉽다. 물론 밀은 한여름의 고온 다습한 환경을 잘 견디지 못한다. 그런데 또 전혀 살지 못하는 것은 아니다. 기후의 변화에도 그런대로 무난하게 적응하는 편이다. 보리는 추위도 잘 견디고 수확량도

미국 오하이오주의 밀밭. 북미 대평원에서 전 세계 밀 생산량의 10퍼센트 정도가 생산된다.

많아서 세계적인 작물로 이용된다.

　보리와 밀의 낟알은 차이점도 많다. 일단 도정해서 먹는 방법이 다르다. 수확한 곡식은 잘 말려서 보관했다가 맷돌이나 절구에 넣고 찧어서 껍질을 벗겨 먹었는데, 보리는 알맹이가 단단해 껍질만 벗겨지지만 밀은 알곡 전체가 부서졌다. 그래서 보리는 알곡 자체로도 먹고 가루를 다양하게 요리해 먹기도 하지만, 밀은 가루를 물로 반죽해 요리하는 것 외에는 다른 방법이 없었다. 이는 매우 큰 차이다. 보리는 빵으로도 먹고 떡으로도 먹고 알곡 자체로도 먹는 등 다양하게 이용할 수 있지만, 밀은 오로지 빵과 국수 두 가지밖에 선택의 여지가 없었다.

　보리와 밀은 성분도 많이 다르다. 보리는 전분 함량이 비교적 높아술을 담그는 데 적합하다. 그래서 수메르 때부터 맥주를 만드는 데 이용되어 왔다. 보리 싹에는 전분을 당으로 만드는 효소가 있는데 이를 이용해 엿도 만들 수 있다. 밀은 단백질인 글루텐 함량이 높아 끈기가 있다. 그리고 앞서 이야기한 것처럼 도정하기가 어렵다. 이 때문에 제분과 정제를 위한 기구가 발명됐고, 여기에 수력, 풍력, 가축의 힘 등을 이용하기도 했다. 또한 밀은 누룩술 빚을 때 쓰는 발효제을 만드는 데도 이용된다. 다른 곡식을 이용할 수도 있지만 밀로 만든 누룩이 효과가 가장 좋다. 그러고 보면 보리와 밀은 술과 꽤나 친한 곡식이다.

　보리와 밀은 생육 조건이 까다롭지 않고 비교적 많은 낟알을 수확할 수 있다는 점 때문에 세계 각지로 퍼져 나갔다. 유럽과 중동에는 밀이, 인도에는 보리가 퍼져 나갔다. 보리와 밀은 동아시아까지 영역을 넓혔다. 벼농사 지역에서는 주곡主穀의 위치를 차지하지 못했지만 보조적인 역할을 했다. 그리고 15~17세기 무렵인 대항해 시대 이후 밀은 아메리카 대륙과 오스트레일리아로 넘어간다. 그리고 이 지역은 세계 최대 밀 생산지가 된다. 밀은 여전히 중요한 곡식이다.

야생종에 가까운 조와 기장

동아시아의 황허 문명은 메소포타미아 문명, 이집트 문명, 인더스 문명과는 여러 면에서 다르다. 거리상으로도 멀고, 자연환경도 많이 다르다. 거대한 강이 있다는 점은 같지만 그 일대의 두꺼운 황토층은 강이 아니라 바람이 실어 나른 것이었다. 다른 문명들의 본거지가 강의 하류였다면 황허 문명의 본거지는 강 옆의 내륙이었다. 어쨌거나 바람이 실어 나른 황토층 역시 비옥했고, 황허강의 지류는 농사짓는 데 필요한 물을 공급하기에 부족함이 없었다.

황허 문명이 나머지 세 문명과 다른 점은 곡식 종류에서도 찾을 수 있다. 황허 문명은 보리와 밀이 그 지역으로 전해지기 전에 시작됐다. 독자적으로 선택한 씨앗이 있다는 뜻이다. 처음으로 작물화한 것은 조와 기장이었다. 그리고 조와 기장은 황허 문명을 지탱하는 가장 중요한 자원이 된다. 비록 뒷날 서쪽에서 보리와 밀이 들어와 식량 생산 체계가 보리와 밀을 중심으로 바뀌었지만 수천 년 동안 중요한 역할을 했다. 조와

중국 간쑤성의 황허강 상류. 중국 북부 지방을 가로지르는 이 강 유역에서 독특한 문명이 발생했다.

윗줄부터 왼쪽에서 오른쪽으로 기장. 수수. 호밀. 귀리. 지금은 잡곡으로 취급되지만 한때는 중요한 곡물들이었다.

기장은 땅이 척박하거나 강우량이 적어도 잘 자라기 때문에 지금도 동북아 지역의 산간 지방이나 소우小雨 지역에서는 명맥을 유지하고 있다.

　이후 인도 동쪽은 쌀을 주식으로 하고, 서쪽은 밀을 주식으로 한다. 그러면서 동쪽에서 재배하던 조와 기장, 수수는 결국 잡곡으로 전락한다. 서양에서 재배하던 호밀과 귀리도 마찬가지다. 하지만 잡곡이라 해서 쓸모가 없는 것은 결코 아니다. 밀과 쌀이 잘 자라지 못하는 지역에서는 오랫동안 주곡의 역할을 했다. 야생종에 가깝기에 수확은 적지만 기후 변화에는 훨씬 강하다.

벼는 오늘날 아시아의 중남부와 동쪽 지역의 주곡 작물이지만 문명의
태동기에는 큰 역할을 하지 못했다. 벼의 원산지는 인도의 갠지스강 유
역 또는 동남아시아로 알려져 있다. 대개 물을 댄 논에서 자라며, 습지에
서 자라던 풀일 것으로 추측된다. 다른 여느 곡식보다 햇빛도 많이 필요
로 한다. 벼는 물과 떼려야 뗄 수 없는 관계이기에 물이 풍부하지 않은
지역에서는 재배하기 힘들다. 물을 대지 않은 밭에서 자라는 '육도'라는
품종도 있으나 생산량이 적다. 벼는 열대와 아열대 지역에서 재배됐는데,
그 지역이 문명의 중심에 서지 못했기 때문에 전파 속도도 더뎠다. 게다
가 벼농사에는 밀이나 보리를 농사지을 때보다 더 많은 노동력이 집중적
으로 필요하다. 논에 물도 대야 하고, 물 많은 논에서 재배하기에 김매기
도 더 힘들다.

　그러나 벼에는 다른 작물에 없는 뛰어난 장점이 있다. 같은 면적을
기준으로 볼 때 밀과 보리보다 많은 곡식이 생산된다는 것이다. 이것은
생각보다 큰 장점이다. 인구는 계속 늘어도 농경지 증가에는 한계가 있
을 수밖에 없기 때문이다. 같은 면적에서 더 많은 양을 생산할 수 있다면
노동력이 좀 더 들어도 좋다. 또 벼는 다른 곡식보다 껍질 벗기기가 쉽고
요리할 때 시간과 화력이 덜 든다. 화력이 덜 든다는 것은 땔감이 부족
한 지역에서 크나큰 장점이다. 또 밀과 보리는 빵을 만들어 먹기까지 복
잡한 과정을 거쳐야 하지만 벼는 껍질만 벗기면 바로 밥을 지어 먹을 수
있다. 보리도 쌀처럼 껍질을 벗겨 바로 밥을 지을 수는 있지만 알곡이 단

인도네시아의 계단식 농경. 물을 대는 기술이 벼농사의 관건이다.
물만 댈 수 있으면 산에도 논을 만들 수 있다.

단해 익는 데 시간이 더 걸리고 노력도 많이 든다. 벼는 식감이 좋고, 소화와 흡수가 잘된다는 장점도 있다. 소화 흡수율이 높다는 건 같은 양의 곡식으로 더 많은 사람의 배를 채울 수 있음을 뜻하기도 한다.

비록 초기 문명에는 큰 역할을 하지 않았지만 벼의 이러한 장점은 농업 사회가 발달하면서 더욱 두드러져 점차 다른 지역으로 영역을 넓혀 나간다. 동남아시아의 벼는 따뜻한 중국의 양쯔강 하류 지역으로 전파됐고, 거기서 다시 북상해 화북 지방 근처까지 확장됐다. 비교적 추운 한반도와 일본으로도 영역을 넓히면서 벼는 마침내 주곡의 위치를 차지했다. 농업 기술이 발전하면서 남쪽 지방 식물이 북쪽 지방으로 올라간 셈이다.

벼는 변방의 작물로 취급되곤 하는데, 그것은 서구 중심적인 생각일 뿐이다. 쌀과 밀 모두 중요한 작물이다. 오히려 쌀을 주식으로 하는 인구가 밀을 주식으로 하는 인구보다 많다. 쌀을 주식으로 하는 지역 중에는 막강한 인구수를 자랑하는 나라가 많다. 인구수 세계 1위인 중국2017년 현재 약 13억 명, 2위인 인도약 12억 명, 4위인 인도네시아약 2억 5000명 외에도 방글라데시, 일본, 필리핀, 베트남 등 1억 명이 훌쩍 넘거나 그에 가까운 나라들이 집중적으로 몰려 있다. 바야흐로 쌀밥 먹는 사람들의 시대인 셈이다. 다만 밀은 상업적으로 재배되는 경우가 많아 교역량이 많지만, 쌀은 생산지에서 거의 소비가 이루어지기 때문에 교역량이 적어 겉으로 잘 드러나지 않을 뿐이다.

한반도의 벼는 중국의 양쯔강 하류 지방에서 가져온 것으로 추정된다. 설에 가래떡을 먹는 풍습은 양쯔강 하류의 도시 닝보에 있는데, 이 지역은 중국 벼농사의 중심지다. 이 흔치 않은 풍습은 벼농사와 함께 한반도로 전해졌을 가능성이 있다.

한반도 벼농사의 흔적은 기원전 3000년 전의 경상남도 김해시 회현리 조개무지 등의 유적에 남아 있다. 그러나 그것만으로 벼농사가 일반화되었다고 말할 수는 없다. 유적지에서 쌀알이 나왔지만 생산량은 얼마 되지 않았을 수 있기 때문이다. 벼농사는 관개시설과 고도의 농업 기술이 필요하기에 오랫동안 많은 시행착오를 거쳐 완성됐을 것이다.

삼국 시대나 통일 신라 시대에는 남부 지방에서 벼농사를 꽤 크게 지었을 것으로 추측된다. 그렇지만 주곡의 위치로 올라선 것은 아니었다. 고구려의 주식은 콩이었고, 이전에는 주로 조를 재배해 주식으로 삼았다. 남부 지방에서는 보리를 주로 재배했다. 쌀도 생산되기는 했지만 귀족만 먹을 수 있는 귀중한 곡식이었다. 여러모로 까다로운 벼농사는 그리 많이 이뤄지지 않았을 것이다. 고려 시대에도 크게 다르지 않았다. 통일 신라 때보다는 쌀의 생산량이 늘어났지만 조와 보리의 생산량이 늘 쌀보다 앞섰다.

쌀이 보편적인 작물이 된 것은 조선 시대에 이르러서다. 고려 호족이 가지고 있던 토지 경작권이 대부분 농민에게 돌아가고, 국가가 저수지를 늘리는 등 여러 여건을 개선하며 농토 확장에 힘쓴 덕분이다. 모내

경기도 연천의 논. 한반도 북쪽 지방까지 논이 들어선 것은 조선 시대에 이르러서다.

기를 비롯한 농업 기술이 발전해 추운 지방까지 벼 재배지가 확산됐고, 생산량이 늘어났다. 이로써 쌀은 주곡의 위치에 올랐다. 그전까지 쌀만 가지고 지은 '이밥'은 오로지 귀족과 돈 많은 사람들의 밥상에만 올랐지만 이때부터 농민도 이밥을 먹을 수 있었다. 이밥은 못 먹어도 쌀과 잡곡을 섞은 밥은 먹을 정도가 되었다.

조선 시대부터 지금까지 우리는 쌀을 주식으로 삼고 있다. 반면에 잡곡은 주변부로 밀려나 쌀 없을 때 먹는 곡식으로 전락했다가 요즘은 색다른 맛, 또는 건강을 위해 먹는 곡식이 됐다. 쌀의 품종은 기후 변화에 대응하기 위해 끊임없이 개량됐다. 해방 직후에는 식량이 부족했기에 많은 사람이 낟알을 많이 맺는 품종을 선호했지만, 요즘은 쌀이 남아돌다 보니 수확은 적어도 밥맛이 좋은 품종을 선호한다.

지금도 주곡은 쌀이지만 최근 들어 빵이나 국수처럼 밀로 만든 음식을 많이 먹으면서 쌀 소비량은 갈수록 줄고 있다. 그러나 여전히 많은 사람은 따끈한 밥 한 그릇을 마음의 고향으로 생각하고 있다.

고기와 바꾼 옥수수

인류의 역사에서 농업과 문명은 지역마다 차이가 나긴 하지만 크게 보면 비슷한 시기에 일어났다.한 사람의 시점으로 보면 1000년, 2000년이 엄청나게 긴 시간이지만 인류 역사로 보면 짧은 시간이다. 이런 사실을 생각하면 농업과 문명은, 인류가 종족을 보존하고 영역을 확장하는 데 한계에 부딪힌 어느 시점에 수렵채집 생활로 쌓인 지식이 폭발해 이뤄진 것이라고 볼 수 있다. 수렵채집 사회에서 농업 사회로 변한 것은 인간의 숙명인 셈이다.

저마다 환경이 다른 세계 각 지역에서 비슷한 시기에 문명을 이뤘다는 것은, 수렵채집 사회에서 규모를 확장하려면 영역을 무한히 확대하는 것 외에 방법이 없었다는 사실을 반증한다. 토지는 한정되어 있으므로 전혀 다른 방법을 찾아야 했을 것이고, 그렇게 찾은 대안이 농업일 것이다. 오랜 수렵채집 생활로 쌓은 지식이 농업이라는 새로운 기술을 개발하는 데 기반이 됐음은 물론이다. 식량이 풍부한 열대 우림이나 농사지을 환경이 되지 않아 사냥에 의존해야 하는 툰드라 등 몇몇 지역만 여기서 제외됐다.

잉카 문명이 꽃피었던 페루 마추픽추(Machu Picchu).

빙하기에 베링 육교를 건너 남북아메리카로 이동한 사람들은 상황이 조금 달랐을지 모른다. 사람이 전혀 살지 않던 지역에 자리를 잡아야 했기 때문이다. 그러나 이들도 사실상 거의 비슷한 시기약 1만년전에 농업 사회로 전환한다. 그리고 오늘날의 멕시코 지역에서 마야 문명을, 남아메리카 대륙 고원에서 잉카 문명을 이룬다.

고도의 문명을 이룩하는 것은 주곡 작물 없이 불가능하다. 이들 역시 농업을 기반으로 문명을 일군 것이다. 이탈리아의 탐험가 크리스토퍼 콜럼버스Christopher Columbus, 에스파냐의 탐험가 프란시스코 피사로Francisco Pizarro 등 수많은 서구인이 두 제국의 왕조를 모조리 무너뜨리고 문명의 산물까지 무참히 파괴한 탓에 전체 모습을 파악하긴 힘들지만, 남아 있는 유적만 봐도 두 제국이 구대륙의 문명 못지않았음은 확실하다. 어쩌면 육종 기술은 구대륙보다 뛰어났을지도 모른다. 두 제국의 주식이던 옥수수는 현재 세계에서 가장 많은 양이 생산되는 곡물인데, 밀과 보리보다 원형을 추적하기가 훨씬 힘들다. 고도의 육종으로 기본적인 형태까지 바뀐 것이다. 원시 옥수수를 보면 어떻게 그런 보잘것없는 풀에서 알곡이 굵은 지금의 옥수수가 나왔는지 놀라울 정도다. 밀, 보리, 쌀의 경우 추수할 때까지 낟알이 떨어지지 않는 종을 선택해 육종했음에도 추수하고 나면 밭이나 논에 이삭이 제법 떨어진다. 하지만 옥수수는 겹겹의 껍질이 알곡을 보호하고 있어 결코 떨어지지 않는다.

옥수수는 껍질을 벗겨야만 알곡을 볼 수 있으므로 사람이 껍질을 벗겨 두었다 파종하지 않으면 옥수수 스스로는 번식할 수 없다. 밀, 보리, 쌀은 인류가 지구에서 멸망해도 원시 상태로 돌아갈 수 있지만, 지금

옥수수. 발아에서 수확까지의 기간이 가장 짧은 곡물이다. 그 덕분에 흉년을 이겨 내는 힘이 됐다.

밭에서 자라고 있는 옥수수는 다시 볼 수 없을지도 모른다. 어쨌거나 옥수수는 단 한 톨도 떨어뜨릴 걱정이 없다.

옥수수의 가장 큰 장점은 생육 기간이 짧다는 것이다. 밀, 보리, 쌀은 최소 6개월은 자라야 알곡이 영글지만 옥수수는 4개월이면 된다. 조생종일찍 성숙하는 품종은 3개월이면 농사가 끝나기도 한다. 그러니 여름이 짧은 지역에서 땅을 효율적으로 이용하기에는 이만한 곡식이 없다. 또한 옥수수는 재배 환경의 영향을 덜 받는 편인 밀과 보리보다도 가뭄에 강하고, 척박한 흙에서도 잘 자란다. 그래서 밀이나 보리를 키울 수 없는 지역에서도 옥수수 농사는 지을 수 있다. 우리도 추위가 일찍 찾아오고 여름이 짧은 강원도와 함경도 산간 지방에서는 옥수수를 재배한다. 여름이 짧아 곡식 농사가 되지 않는 지역의 구황작물기근이 심할 때 주식 대신 먹는 농작물인 셈이다.

옥수수는 기후 적응력도 뛰어나다. 아프리카에서는 더운 날씨 때문에 밀도 못 키우고, 물이 부족해 벼도 못 키운다. 그러나 옥수수는 잘 자란다. 기근에 시달리는 아프리카의 희망으로 떠오른 이유다. 신대륙이 구대륙에 전한 가장 좋은 선물은 옥수수일 것이다.

옥수수는 유럽에서 탄압을 못 이겨 신대륙으로 건너간 이주민의 목숨을 구해 주기도 했다. 17세기 메이플라워호를 타고 신대륙으로 이주한 영국 청교도는 식량난과 추위로 절반 정도가 목숨을 잃었는데, 그때 원주민이 그들에게 건넨 곡식이 옥수수였다. 덕분에 청교도는 끼니를 해결하고 농사도 지었다. 옥수수를 주식으로 삼은 최초의 서구인이라 할 수 있다.

주식으로 먹는 쌀, 밀과 달리 옥수수는 주로 간식으로 먹기에 소비량이 적은 것처럼 느껴질 것이다. 그러나 옥수수는 가축의 사료에 가장 많이 쓰이는 작물로, 현재 세계에서 가장 많이 생산되고 있는 곡식이다. 오늘날 인간이 먹는 고기는 닭, 소, 돼지 할 것 없이 옥수수가 없으면 키울 수 없다. 고기를 소비한다는 것은 그 가축이 먹어 온 엄청난 양의 옥수수를 소비하는 것이나 다름없다. 옥수수를 고기로 바꿔 먹고 있는 셈이다.

이제는 옥수수에서 연료를 뽑아 화석 연료를 대신하려는 시도까지 이뤄지고 있다. 옥수수로 바이오 연료생물체에서 얻어 낸 연료를 만들려는 것이다. 그러나 그 과정에 화석 연료가 쓰이기 때문에 온실 가스 배출량이 증가해 오히려 지구 온난화가 심각해진다는 문제가 있다. 게다가 바이오 연료와 가축의 사료에 쓰이는 양이면 굶주림에 시달리는 수많은 사람을 구할 수 있다. 생산성 좋은 옥수수를 어떻게 활용할지 앞으로 더 많이 고민해야 한다.

밭에서 자라는 고기, 콩

콩은 지금까지 이야기한 보리, 밀, 조, 기장, 벼, 옥수수와 조금 다르다. 일단 식물의 형태부터 다른데, 보리, 밀, 벼처럼 풀포기에 이삭이 달리는 형태도 아니고, 옥수수처럼 키가 삐죽이 큰 것도 아니다. 여느 풀하고 다름없이 생긴 종도 있고, 덩굴로 뻗는 종도 있다. 땅 위로 나온 부분만 다르게 생긴 것도 아니다. 흙 속의 뿌리도 다르다. 콩 뿌리에는 검은 혹들이 달려 있다. 또 콩은 그것만 주식으로 먹는 곳이 없기에 곡식이라 부르기

콩은 뿌리혹박테리아를 뿌리에 매달고 있어 곡물 가운데 가장 단백질이 풍부하다. 그래서 콩을 '밭에서 나는 고기'라고 부르기도 한다.

도 애매하다. 주식보다 부식의 개념이 강하다.

콩은 문명의 발상과 별로 상관없다. 재배되기 시작한 시기도 나머지 다른 씨앗보다 무척 늦다. 그러나 콩은 지구 어디에나 존재한다. 지중해 부근에는 완두콩과 렌즈콩lentil bean이 있고, 아메리카 대륙에도 강낭콩이 있다. 콩과 식물은 종류도 다양하다. 우리가 흔히 보는 아카시나무도 콩과 식물의 일종이다. 아까시나무 씨앗은 콩깍지와 거의 비슷하게 생겼다.

공기에는 우리가 숨 쉬는 데 필요한 산소가 포함되어 있지만 양은 고작 5분의 1 정도다. 나머지는 대부분 질소가 차지하고 있다. 공기 중에 이렇게나 많이 존재하는 자원을 이용하지 않을 수는 없다. 생명은 가까이에 있는 것을 재료 삼아 살아가기 마련이다. 질소 화합물로 된 단백질은 동물과 식물에게 없어서는 안 될 아주 중요한 작용을 한다. 우리 몸 역시

대개 단백질로 이루어져 있고, 이 단백질이 없으면 단 한 순간도 존재할 수 없다. 콩과 식물의 뿌리에 달린 혹들에는 질소 고정 박테리아가 있어서 공기 중의 질소를 고정해 단백질을 공급하는 역할을 한다. 인간이 질소 비료 공장을 만들기 전까지 이 세균은 공기 중의 질소를 유기 물질로 전환할 수 있는 유일한 존재였다. 질소로부터 질산을 합성하고, 질산으로 질산암모늄을 만들어 식물에게 공급하는 것이다. 그래서 콩에는 그어떤 씨앗보다도 단백질이 많다. '밭에서 나는 고기'라고 불리는 이유다.

대부분의 식물은 땅에 있는 질산염을 흡수해 단백질을 만드는 데 그친다. 하지만 콩과 식물은 다른 식물보다 적극적인 방법을 쓴다. 뿌리에서 질소 고정 세균_{공기 중의 유리 질소를 고정시키는 미생물}을 유혹하는 물질을 분비해 질소 고정 세균이 뿌리에 붙게 만드는 것이다. 그리고 이 세균으로부터 질산염을 공급받아 씨앗에 단백질을 채운다. 뿌리에 박테리아를 달고 있음으로써 얻는 다른 장점도 있다. 땅속의 양분이 넉넉하지 않을 경우 땅에 양분을 보충하는 것이다. 그래서 콩과 식물은 척박한 땅에서도 잘 자라며, 거친 땅을 비옥하게 만드는 역할도 한다.

콩과 식물의 종류는 매우 다양한데, 오늘날 세계에서 가장 많이 생산되는 콩은 '대두'라고 불리는 메주콩이다. 경작하기 쉽고 씨앗의 알맹이가 커서 생산량이 높기 때문이다. 이 대두의 원산지는 고구려가 있던 남만주로, 중국과 일본으로 퍼져 갔다. 그리고 2000년 가까이 주요 단백질 공급원으로 이용됐다. 계속해서 세력을 넓혀 온 대두는 이제 북미 대륙에서 가장 많이 생산되는 작물로 꼽힌다. 콩의 주인이던 우리도 북미에서 자란 콩을 사 먹는 처지다. 콩 찌꺼기가 섞인 사료를 수입해 키운 고기와 콩기름까지 따지면 미국산 대두에 대한 의존성은 더 높다.

대두는 단백질이 풍부하지만 흡수율이 낮다는 단점이 있다. 흡수율을 높이려면 익히거나 발효시켜서 먹어야 하는데, 그래서 나온 것이 대두를 발효시킨 메주다. 메주로 만든 된장과 간장은 식단을 보다 풍성하게 만들었다.

몽골의 아시아 대륙 지배 이후에는 콩의 단백질을 엉기게 해서 만드는 두부까지 등장해 더 이상 소화 흡수가 문제되지 않게 됐다. 유목 민족인 몽골족은 동물의 젖에 산을 더해 단백질을 응고시켜 치즈 만드는 방식을 알고 있었는데, 콩을 갈아 만든 두유에 이 방법을 응용한 것이 두부다. 이처럼 조리법이 다양하게 개발되면서 콩은 곡물이 채우지 못하는 부분까지 채워 줬다. 채소와 함께 반찬으로 쓰이기 시작했고, 고기를 덜 섭취하면서 생긴 단백질 부족 문제를 해결했다.

콩은 오늘날 심혈관 질환, 식량 문제 등을 일으키는 육식의 대안으로 꼽히는 식물이다. 우리 민족이 보급한 콩이 세계의 희망으로 떠오르고 있는 것이다. 콩의 식물성 단백질을 이용한 가공품이 많이 개발되면서 두부, 두유뿐만 아니라 아이스크림, 국수 등 메뉴도 다양해지고 있다. 콩 고기는 고기의 질감까지 갖춘 수준으로 발전했다.

씨앗이 없었다면

밀, 보리, 조, 기장, 벼, 옥수수, 콩은 오늘날 우리를 있게 해 준 식물이다.

이 씨앗들은 수천 개의 풀씨 가운데 고르고 골라 선택됐을 것이며, 그 와중에 수많은 후보가 여러 조건을 채우지 못해 탈락했을 것이다. 그리고 어떤 지역의 씨앗은 다른 지역의 씨앗에 밀려 탈락했을 것이다. 씨앗은 육종 과정을 거치며 놀라울 정도로 발전했고, 인간에게 필요한 성질의 씨앗으로 완전히 탈바꿈했다. 성질을 개량하는 과정은 길고 험난했지만 지구의 역사를 보면 잠깐일 뿐이다.

1만 년 전 지구의 인구는 수천만에 불과했을 것이다. 그렇게 적었던 인구가 이제 100배가 넘는 70억을 훌쩍 뛰어넘었다. 이렇게 인류가 번성한 것은 모두 이 씨앗들의 놀라운 생산성과 인간의 육종 기술 덕분이다. 1만 년 전이 너무 아득하게 느껴진다면 20세기가 시작된 1900년의 인구가 고작 15억 명이었음을 떠올려도 좋다. 그즈음 구대륙과 신대륙을 오간 씨앗들은 황무지 개간, 농업 기술과 육종 기술 개발, 관개시설 정비, 화학 비료 발명 등에 힘입어 불과 100년 만에 네 배 이상의 인류를 먹여 살리게 됐다.

사실 요즘은 교통과 통신의 발달 외에 모든 것이 평가절하 되는 경향이 있다. 하지만 교통과 통신의 발달도 이 씨앗들이 인간을 먹여 살려 번성시키지 않았다면 있을 수 없는 일이다. 1만 년 전에 일어난 씨앗 혁명, 농업 혁명을 문명의 기원이라 여기는 이유다. 어쩌면 씨앗이 인간을 이용해서 종족을 퍼뜨린 것일지도 모른다.

밀과 보리, 그리고 쌀은 아주 오래전부터 천천히 영역을 넓혀 갔지만 옥수수와 콩은 불과 500여 년 전인 대항해 시대에 세계로 퍼져 나갔다. 지금의 관점으로 보면 인간에게 급속도로 성공할 기회가 주어진 것이다.

실제로 그때부터 모든 기술과 과학이 급성장을 이뤘다. 거듭 말하지만 씨앗이 없었다면 지금의 지구와 인류는 단연코 없다. 700만 년 전 지구에 풀이 탄생하지 않았다면, 풀이 나무에서 살던 인류를 땅으로 내려오게 하지 않았다면, 문명의 씨앗이 되지 않았다면 지금의 세상은 없다. 물론 풀도 40억 년이라는 생명의 역사에서 보면 지극히 일부분이지만 말이다. 140억 년이라는 지구의 역사에서 보면 생명의 역사조차 지극히 작은 사건일 것이다. 어쨌거나 우리는 곡물에 큰 빚을 지고 있는 셈이다.

주식이 된 옥수수

마야 신화에 보면 우주를 창조한 노부부의 자식인 쌍둥이가 저승에서
그곳의 우두머리인 시발바^{Xibalba}와 싸우다 머리가 잘려 죽음을 맞이하는
이야기가 나온다. 그 쌍둥이 가운데 한 명의 머리는 나무 꼭대기에
매달리는데, 그 나무가 카카오나무고, 머리의 주인은 옥수수의 신이다.
카카오는 마야인이 '신들의 열매'라 부르던 신성한 것이고, 옥수수는 마야
문명을 있게 한 곡식이다. 이 신화는 천지창조 후에 가장 의미 있는 일은
카카오 재배와 옥수수 농사임을 암시한다. 옥수수가 마야 문명에서 가장
중요한 작물임을 신화로 형상화한 것이다.

그런데 구대륙 사람들이 옥수수를 가져가면서 미처 챙기지 못한
것이 하나 있다. 바로 옥수수의 가공 기술이다. 가공 없이 옥수수만
주식으로 먹으면 필수 영양소가 부족해 펠라그라 병에 걸릴 수 있다.
이는 옥수수에 니코틴산을 만드는 트립토판이 부족해서 생기는 병이다.
옥수수를 주식으로 삼은 남북아메리카의 원주민은 이를 잘 알고
있었기에 옥수수를 물, 석회, 달팽이 껍데기, 숯 등과 함께 넣고 하루를
불려서 이용했다. 이렇게 하면 성가신 껍데기도 쉽게 제거할 수 있고
모자란 필수 영양소도 보충할 수 있다.

대항해 시대에 신대륙에서 옥수수를 발견한 서구인은 이 방법을
몰랐다. 그저 옥수수를 늘 먹으면 문제가 생기는 줄 알고 주곡으로
여기지 않았다. 시간이 지나 옥수수는 한반도를 비롯해 세계 여러

카사바.

얌 뿌리를 매달아 놓은 모습.

지역으로 퍼져 나갔지만 원주민의 가공 기술은 역시 전해지지 않았다. 그러면서 이 '불완전한 곡물'은 가축용 사료로 쓰인다.

옥수수는 위도가 높고 추운 수많은 지역의 굶주림을 해결해 왔다. 그리고 오늘날 또 하나의 지역에서 기근 해소에 쓰이고 있다. 바로 아프리카다. 아프리카는 일조량이 넉넉하지만 물이 부족하고 날이 더워 곡물을 재배하기 어렵다. 지구 온난화의 영향으로 사막은 늘고 강수량은 줄고 있어서 농사짓기가 점점 더 힘들어지고 있다. 그런데다 현재 아프리카의 주식인 수수와 카사바cassava, 얌yam으로는 늘어나는 인구와 줄어드는 강수량에 대처하기 힘들다. 더운 기후에도 잘 자라고, 가뭄에도 강하며, 한 해 동안 여러 차례 심고 거둘 수 있는 옥수수는 곡식 부족으로 고통을 겪는 아프리카의 구세주가 아닐 수 없다. 이미 케냐, 말라위, 잠비아, 짐바브웨 등에서는 옥수수가 1위 주곡으로 자리 잡았다. 한국의 옥수수 육종학자 김순권 박사는 아프리카의 기후와 토양에 적합한 종자를 개발하며 이 프로젝트를 돕고 있다.

풍성한 식탁

곡식은 인간에게 대부분의 영양소를 제공한다. 곡식만 먹고도 살 수는 있는 것이다. 균형 잡힌 식사라 할 수는 없어도 생명을 유지하고 몸을 움직일 수는 있다. 헐벗은 시절 수많은 노동자와 농민은 보리밥에 푸성귀나 김치, 된장과 간장만 가지고 배를 채웠다. 그렇게 몸이 필요로 하는 대부분의 영양소를 밥에서 얻었다.

서양이라고 크게 다르지 않다. 사회적 지위가 낮은 농민과 하층민은 호밀이나 밀로 만든, 알곡보다 겨껍질가 더 많아 까맣고 딱딱한 빵에서 거의 모든 영양소를 얻었다. 완전식품은 아니지만 대부분의 사람이 이 보잘것없는 곡식에 의지해 살아갔다. 물론 고기 한 점, 생선 한 토막을 입에 넣을 기회가 아주 없지는 않았겠지만, 그런 행운이 자주 찾아오지는 않았을 것이다.

곡식은 불완전하게나마 하층민에게 완전식품의 구실을 해야 했다. 일단 가장 중요한 탄수화물을 공급해 열량을 채웠고, 넉넉하지는 않을지라도 단백질을 공급했으며, 씨눈에 담긴 여러 영양소와 지방을 공급했다. 여기에 미네랄과 비타민, 소금 같은 것들을 더하면 살 수는 있었다. 물론 단백질이 모자라기는 했지만 육식할 기회가 아예 없는 것은 아니었기에 그런대로 견딜 만했다. 다만 밥이나 빵, 즉 주식만 먹는 것은 너무 단조로웠다. 그래서 반찬으로 먹을 채소를 찾아 나섰다. 채소는 미네랄, 비타민처럼 곡식이 주지 못하는 영양소를 제공할 뿐만 아니라 식사에 활기를 불어넣었다. 식물은 저마다 독특한 맛과 향을 지니고 있어 어떤 것은 달콤한 맛을 내고, 어떤 것은 아삭한 질감을 느끼게 했다. 주변에 흔히 자라는 풀과 나무들 사이에서 입맛에 맞는 작물을 찾는 일은 그리 힘들지 않았을 것이다. 식물이 인간을 위해 맛을 지닌 것은 아니지만 말이다.

물론 처음에는 무엇을 먹어야 할지 몰랐을 것이다. 지금도 직접 나물을 채취해서 먹을 수 있는 사람은 그리 많지 않다. 게다가 대부분의 식물은 잎, 줄기, 열매, 뿌리 모두 그냥 먹을 수 있는 상태가 아니었다. 너무 쓰거나 억세거나 맛이 없었다. 더군다나 채소는 무기물과 약간의 당분 외에 소화가 안 되는 섬유질 성분과 수분으로 구성되어 인간에게 큰 도움이 되지 않는다. 인간은 곡식만 먹고 살 수는 있지만 소나 양처럼 채소만 먹고 살 수는 없다.

시간이 지나면서 인간에게는 채소를 고르는 몇 가지 기준이 생겼다. 우선 독성이 없고, 맛이 달거나 특별한 향기가 있으며, 먹기에 부드러워야 했다. 향기가 좋은 풀은 적지 않았지만 달고 부드러운 것은 많지 않았다. 물론 이 모든 조건을 만족시키는 채소는 별로 없었다. 오늘날 우리가 흔히 먹는 채소 가운데 꼽자면 배추와 상추 정도가 있다.

배추와 양배추는 맛이 달고 먹기가 편한 대표적인 잎채소로, '배추'라는 이름을 함께 쓰지만 서로 상관없는 작물이다. 배추는 중국에서 만들어진 채소로, 유채와 순무의 교잡종이다. 지중해 동부와 소아시아 일대에서 중국으로 전해진 유채와, 중국에서 자라던 순무가 꽃가루를 교환하면서 만들어졌다. 원래 다른 종끼리는 씨를 맺을 수 없으나 분화한 지 얼마 되지 않아 교잡종이 등장할 수 있었다. 배추는 서로 형질이 다른 순종과 순종을 교배해 만든 1대 잡종으로, 배추의 씨앗을 받아 계속

윗줄부터 왼쪽에서 오른쪽으로 배추. 양배추. 상추. 양상추. 가장 단 잎채소들이다.

심으면 다시 순무로 돌아간다. 그러나 추운 데서 영양분을 충분히 제공하면 잎이 안으로 말려들어 가며 공 모양으로 뭉쳐져 오늘날 우리가 먹는 배추가 된다. 반면에 양배추는 지중해와 소아시아 지역에서 자라던 케일kale 등의 채소를 잎이 안쪽으로 자라게 해서 공 모양 덩어리로 만든 작물이다. 연하고 부드러운 맛이 난다. 양배추는 서유럽에 살던 켈트족이 길러 퍼뜨렸다.

상추와 양상추도 달고 부드러운 채소로 꼽힌다. 둘 다 소아시아 지방에서 유래한 채소다. 양상추는 주로 소금과 식초, 기름을 버무려 고기를 먹기 전이나 뒤에 샐러드로 먹는다. 상추는 배추, 깻잎, 겨자 잎 등과 함께 쌈 채소로 이용된다. 이런 방식으로 소비되는 채소는 그리 많지 않다. 로메인romaine, 치커리chicory, 청경채 등 새로운 종류가 많이 등장하긴 했지만 그래도 대표적인 잎채소는 여전히 배추와 상추다.

이렇게 달고 상큼한 맛을 지니는 채소가 있는가 하면, 향기로 먹는 잎채소도 있다. 봄철에 나는 갖가지 풀을 나물로 즐기는 한국인은 이 향기에 익숙하다. 채소보다 고기를 즐기는 나라의 사람들도 고기의 누린내를 없애는 데 향기로운 식물을 이용한다. 그러다 보니 향신료로 쓰이는 풀이나 나뭇잎의 종류는 엄청나게 많다. 우선 한국 음식에 흔히 들어가는 파가 그렇다. 예전에는 가느다란 쪽파를 많이 썼지만, 요즘에는 중앙아시아에서 넘어온 대파를 쓴다. 봄나물도 향으로 먹는 잎채소다. 미나리, 달래, 냉이, 방아, 근대, 아욱, 씀바귀, 쑥갓, 당귀 잎 등 봄에 먹는 나물은 향이 무척 강하다. 잎채소를 즐기는 나라는 세계 곳곳에 많지만 아마 우리나라처럼 다양한 잎채소를 먹는 지역은 없을 듯싶다. 원추리나 고사리처럼 자라면 독이 생기거나 쓴 잎채소도 어릴 때 채취해서 요긴하게 반찬으로 삼는다. 풀잎뿐만이 아니다. 향기로운 자귀나무나 두릅 등 나무의 새순도 먹지 않던가.

상큼하고 시원한 향이 나는 박하는 동서양에서 두루 사용된 풀이다. 동양에서는 주로 한약재로, 이슬람권에서 커민cumin이란 씨앗과 함께 고기 요리 재료로 많이 쓰인다. 지중해 유역에서는 박하 향과 비슷한 오레가노oregano가 사용된다. 스파게티 요리에 향신료로 들어가곤 하는 바질basil은 원래 아시아의 열대에서 자라던 풀인데 이탈리아에서 빛을 봤다. 그리고 스파게티가 세계적인 음식이 되면서 곳곳에 전파됐다. 파슬리

박하는 향기 때문에 사랑받는 식물이다. 동서양의 고기 요리에 두루 쓰이며, 약품과 과자에도 많이 쓰인다.

parsley는 서양 요리에서 흔히 볼 수 있는 향신료의 하나다. 아프리카 북부에서 자라던 식물인데 이제는 지중해 유역을 대표하는 향신료가 됐다.

오늘날에는 세계 각지에서 쓰이는 향신료를 비교적 쉽게 구할 수 있다. 채소의 활동 범위가 넓어진 덕분이다.

수없이 개량되어 온 과일

이처럼 인간은 맛있는 풀과 나뭇잎을 찾아 먹었지만, 사실 그보다 먼저 눈에 들어온 것은 탐스러운 열매였을 것이다. 씨앗을 둘러싼 과육에는 동물을 유혹하는 영양분이 가득하다. 동물을 이용해 씨앗을 퍼뜨릴 목적으로 만들어졌기 때문이다. 그래서 풀이든 나무든 가장 중요한 영양소가 있는 부위는 열매다. 곡식의 씨앗이 영양 덩어리인 것처럼, 이 씨앗을 감싼 열매도 최상의 먹을거리다. 어찌 인간이 이를 지나칠 수 있겠는가.

열매의 왕은 과일일 것이다. 당분과 수분이 가득한 열매를 먹으면 기운도 솟고 갈증도 해소된다. 과일만 충분하면 인간도 밀림의 원숭이들처럼 걱정 없이 살 것 같기도 하다. 그렇지만 달고 물 많은 과일은 자연에 흔하지 않다. 오늘날 우리가 흔히 먹는 사과와 배도 19세기부터 육종된 것들이다. 가장 일찍 육종에 성공한 과일은 포도일 텐데, 지금의 야생종 머루와 비교하면 확실히 차이가 난다. 자연의 과실은 대개 크기도 작고 당도도 그리 높지 않다. 식물 입장에서는 씨앗을 퍼뜨리는 것이 목적이므로 열매에 너무 많이 투자하는 건 낭비이기 때문이다. 열대 과일은 온대 과일보다 비교적 먹을 게 많지만 파인애플, 바나나 같은 열대 과일도 사실 최근에 개량해 먹기 좋게 만든 것들이다.

오늘날 흔히 먹는 과일인 사과를 예로 들어 보자. 사과의 원산지는 서아시아다. 아종인 능금이 중국에 있었는데, 그것이 한반도에 전래됐다. 사과는 서아시아에서 다시 지중해 연안으로 전파됐다가 유럽으로 퍼진다. 그러나 이때의 사과는 크기도 작고 맛도 형편없었다. 요즘 나오는 커다랗고 맛있는 사과는 미국으로 건너간 뒤에 나온다. 미국의 환경과 토양에 적응한 사과는 19세기 존 채프먼^{John Chapman}이라는 사과 농장 주인이 육종하면서 현대의 사과로 재탄생한다. 이것을 일본에서 육종한 것이 우리나라의 사과다. 주로 접붙이기를 통해 우수한 형질을 보존했다.

열매의 왕인 사과는 지금처럼 크고 맛있어지기까지 거의 지구 한 바퀴를 돌아야 했다.

　이렇듯 요즘 우리가 보는 과일은 모두 육종된 것으로, 비교적 최근에 등장했다고 보면 된다. 그렇다면 예전에는 먹을 만한 과일이 아예 없었을까? 그렇지 않다. 육종된 과일이 전에 있던 과일의 자리를 대신 차지했을 뿐이다. 그렇다면 과거에는 어떤 과일을 먹었을까.

　한반도에 오래전부터 있던 과일은 복숭아, 살구, 자두, 감 등으로, 대개 중국에서 유래했다. 돌배나무도 있었지만 지금 먹는 배와 달랐다. 사과는 능금이 있었다. 귤은 비록 제주도에 한정되지만 오래전부터 한반도에서 나고 자란 과일이다. 근대 이전의 어디든 그렇듯 한반도에도 과일의 종류는 많지 않았다. 유럽에도 육종한 포도 외에는 볼품없고 맛없는 사과 정도가 있었다. 딸기도 17세기에야 재배된다.

　사실 예전에 과일이라 함은 지금처럼 수분이 가득하고 단 것보다 밤,

복숭아는 신선(神仙)과 장수(長壽)를
상징하는 과일이다.

귤은 외래종으로 인식되곤 하지만 제주도에는 아주
오래전부터 있었다.

호두, 대추와 같은 건과를 가리켰다. 육종 기술도 떨어지고 보관하기도
어려웠기 때문이다. 그래서 제사상에 놓이는 과일도 대개 건과 위주였다.
그러다 사과, 배, 참외, 수박과 같이 크고 먹음직한 과일이 나오면서 대체
된다. 참외는 인도가 원산으로, 중국에서는 기원전부터, 한반도에서는 최
소한 삼국 시대부터 재배했다. 수박은 아프리카 원산으로, 고려 말이나
조선 시대부터 재배한 과일이다. 1만 년이라는 농업의 역사에 비하면 그
야말로 최근 일인 셈이다.

몇 안 되는 열매채소

열매채소는 별로 이용되지 않은 듯하다. 오늘날 시장에서 흔히 보는 채소
가운데 열매인 것도 호박, 고추, 토마토, 가지, 오이 정도로 종류가 많지 않

다. 그런데 이 가운데 호박, 고추, 토마토는 신대륙이 원산이다. 가지와 오이도 인도가 원산이다. 그렇다면 신대륙이 발견되기 전에는 한반도에 열매채소가 없었을까? 그렇진 않을 것이다. 열매채소가 워낙 적기도 했겠지만, 신대륙의 효율성 높고 맛좋은 열매채소가 들어오면서 토종 열매채소가 점차 사라졌을 것이다. 토종 열매채소는 이제 보기도 쉽지 않다.

한반도의 토종 열매채소로는 박이 있다. 《흥부전》에 등장하는 채소라 익숙할 것이다. 박 껍질을 말려서 만든 바가지는 민속품 전시장이나 텔레비전 프로그램의 소품으로도 많이 쓰이기에 누구나 한 번쯤은 봤을 것이다. 그러나 박으로 얼마나 많은 음식을 해 먹었는지 아는 사람은 거의 없다.

호박이 등장하기 전까지 박은 지금의 호박보다 훨씬 많이 쓰였다. 사람들은 덜 여문 박을 따서 과육을 띠 모양으로 얇고 길게 오려 햇빛에 말렸다가 박고지도 만들고, 사시사철 나물도 무치고, 국, 찜, 떡, 정과, 김치까지 만들었다. 다양한 요리를 할 수 있는 중요한 식량이었던 것이다. 오죽하면 《흥부전》에서 제비가 은혜를 갚기 위해 물어다 준 씨앗이 박씨였을까. 박은 중국을 통해 신대륙에서 들여온 열매채소인 호박의 이름에도 흔적을 남긴다. 호박의 '호胡'는 '오랑캐'로, 중국의 어느 변방에서 들여온 종자임을 뜻한다. 박은 호박이 등장한 뒤로 완전히 밀렸고, 식재료보다 바가지 재료로 받아들여지는 데 이른다.

박 외에도 동아'동과'라고도 부른다, 여주 등의 열매채소가 있다. 박과 식물인 동아는 박처럼 쓰였지만 중요도는 떨어졌고, 여주는 쓴맛 때문에 점점 쓰이지 않게 됐다.일본으로 건너간 여주는 지금도 일상적으로 먹는 열매에 속한다. 이 두 가지 열매채

위 박은 가장 중요한 반찬거리로 쓰였다.
아래 호박은 아메리카에서 전래됐지만 순식간에 박의 효용을 대체했다.

소는 흔히 볼 수 없지만 아직까지 명맥은 이어져 오고 있다. 시골 장터에서는 더러 눈에 띄기도 한다.

　신대륙의 열매채소인 고추와 토마토, 호박은 구대륙으로 건너가 새로운 식재료로 눈부신 성공을 거두었다. 토마토와 호박은 이제 세계 어느 곳에서나 흔히 볼 수 있다. 비록 쓰임은 다를지 몰라도 토마토와 호박을 낯설게 여기는 곳은 없다. 한반도에서 박을 밀어낸 것처럼 다른 지역에서도 오히려 토종 채소를 압도하는 채소로 자리 잡고 있다. 개량종도 많다. 호박만 해도 수십 종이다. 토마토는 다양한 형태로 개발되고 있다.

　고추는 매운맛 때문에 폭넓게 전파되지는 못했다. 그러나 매운맛을 즐기는 중국 남서부의 윈난성과 쓰촨성, 태국 등에서는 없어서는 안 될 작물이 됐다. 고추의 매운맛은 캡사이신이라는 화학 물질에서 난다. 종자를 보호할 목적으로 씨앗과 씨방에 주입된 것인데, 오히려 이 매운맛을 즐기게 된 인간은 고추를 재배해 먹었다. 고추의 매운맛을 싫어하는 지역에서는 피망, 파프리카처럼 매운맛을 뺀 달달한 채소로 개량됐다.

영양이 풍부한 알뿌리 식물

식물에서 눈에 보이는 부분은 땅 위에 나와 있는 잎과 줄기와 열매뿐이지만 가장 중요한 기능을 하는 것은 땅속의 뿌리다. 뿌리는 흙에서 물과 양분을 흡수해 잎과 줄기를 지탱한다.

　식물 입장에서 땅 위의 세상은 온갖 천적이 득실대는 곳이다. 번식

고추처럼 빠르게 우리와 가까워진
향신료는 찾기 힘들 것이다.

피망은 고추에서 시작했지만 매운맛을 없앤 채소로 변신했다.

하려면 씨앗을 땅 위에 퍼뜨리는 것이 제일 좋지만, 지상에는 영양 많은 씨앗을 노리는 천적이 너무 많다. 곤충은 끊임없이 식물의 잎을 갉아 먹고, 줄기에서 수액을 빨아 먹는다. 그 외에도 수많은 동물이 식물을 식량으로 삼는다. 그래서 몇몇 식물은 다른 전략을 세웠다. 뿌리나 땅속줄기에 영양을 저장해 번식하는 것이다. 또는 영양을 저장한 알뿌리㭎를 여러 개 만들어 번식하기도 한다. 인간은 이처럼 땅속에 숨은 알뿌리도 캐먹었다. 알뿌리 식물은 어떤 면에서 알록달록한 색과 달콤함으로 무장한 열매보다 실속 있다. 포장은 매력적이지 않아도 내용물은 훌륭하다.

한반도에서 역사가 가장 오래된 알뿌리부터 살펴보자. 단군 신화에 등장하는 마늘이 첫머리에 나와야 할 것이다. 물론 당시의 마늘과 지금의 마늘은 다르다. 오늘날 우리가 먹는 마늘은 중국 한나라의 외교관 장건張騫이 서역에서 가져온 큰 종자로, 단군 시절에는 없었다. 아마도 당시의 마늘은 달래 정도 크기였을 것이다. 또 다른 알뿌리 생강은 지금의 인도인 힌두스탄 지역이 원산인데, 중국을 거쳐 한반도로 전해졌다. 마늘과 생강은 삼국 시대부터 지금까지 대표적인 향신료로 쓰이고 있다.

중국과 한반도의 토착 알뿌리로 마가 있다. 신라 진평왕 때 지어진 향가 〈서동요〉에서 '서동'은 마를 캐러 다니던 아이들을 뜻한다. 지금은 마가 식재료로 덜 쓰이지만, 그래도 여전히 재배된다. 또 추석 때 국을 끓여 먹는 토란도 열대 아시아가 원산이지만 삼국 시대부터 재배됐을 것이라 짐작된다. 열대 아시아나 인도가 원산으로 추정되는 연은 꽃만 아름다운 것이 아니라 식재료로서 의미도 있다. 연의 씨앗은 녹말을 채취해 국수를 만들어 먹을 수 있기에 일종의 잡곡에 속하고, 속에 구멍이

위 연꽃. 연의 씨앗에는 녹말 성분이 있어 국수를 해 먹을 수 있다.
아래 구멍이 숭숭 뚫린 연근은 오늘날의 밥상에도 자주 올라오는 채소다.

나 있는 뿌리_{연근}는 채소로 먹는다. 연도 삼국 시대에 이미 존재했다. 일찍부터 알뿌리를 길러 밥상에 올렸음을 알 수 있다.

우리 역사에서 중요한 뿌리채소가 또 있다. 바로 무다. 삼국 시대부터 중요한 식재료로 쓰인 무는 약 100년 전 배추가 보편화되기 전까지 반찬의 대명사, 김치의 주원료로 쓰였다. 무절임이 바로 김치의 시작이라고 할 수 있다. 지금도 무는 무김치뿐만 아니라 배추김치에도 들어간다. 김장 배추의 속을 무로 채우고, 김장 통 곳곳에도 큼지막한 무를 넣는다.

무는 지중해가 원산으로, 중앙아시아를 거쳐 기원전 5세기 무렵 중국에 전래됐다. 여러 지역으로 퍼져 나간 만큼 품종도 다양하다. 무의 원형에 가까운 품종은 순무로, 그중에도 여러 종류가 있다. 무에는 매운맛과 단맛이 섞여 있는데, 단맛을 특화시킨 품종인 사탕무는 설탕을 뽑아낼 수 있을 정도로 달다. 사탕무는 지금도 온대 지방에서 사탕수수의 기능을 하고 있다. 뿌리가 여리고 부드러우며 생장 기간이 짧은 열무도 있다. 뿌리가 작은 총각무는 생김새 때문에 '달랑무', '알타리무'라는 이름으로 불리기도 한다. 최근에 등장한 콜라비_{kohlrabi}는 양배추와 순무의 교잡종이다.

우리가 보통 조선무라 부르는 것은 중국종이다. 가늘고 길쭉한 단무지를 만드는 데 쓰는 무는 일본 품종으로, 한반도에서 건너간 것이다. 한반도에서는 중국 무가 도입되면서 일상적인 용도의 무는 대개 중국 무로 대체됐다. 무가 이처럼 다양한 형태로 개량된 것은 그만큼 쓸모가 많기 때문일 것이다.

비교적 최근에 먹기 시작한 뿌리채소로는 우엉, 양파, 당근이 있다.

김치의 역사는 무에서 시작됐다.　　서양 원산의 채소 가운데 가장 널리 퍼진 작물이 양파다.

우엉과 양파는 대개 원산지가 유라시아 대륙으로 알려져 있는데 의견이 다양하다. 우엉은 중국과 한반도에서 오래전부터 길렀지만, 식재료로 이용하기 시작한 것은 일제 강점기 이후다. 양파는 구한말 미국에서 전래됐다. 그래서 이름에 '서양 양洋' 자가 붙었다. 당근은 '홍당무'라고도 하는데, '홍紅'은 붉다는 뜻이고 '당唐'은 중국이라는 뜻이니 중국에서 들여온 듯하다. 당근 역시 근대에 들여왔다. 양파와 당근은 뒤늦게 재배되기 시작했으나 오늘날 없어서는 안 될 중요한 채소로 자리 잡았다.

신대륙의 선물, 감자와 고구마

감자와 고구마는 채소로 구분하기도, 곡식으로 구분하기도 애매하다. 감자와 고구마 둘 다 대부분 녹말로 이루어져 있는데, 곡식이라기에는 먹는 부위가 다르고 채소보다는 주식으로 적합해 보인다.

감자는 주식을 대신하는 식량으로도 쓰이고 지역에 따라 곡식 대신 주곡의 역할도 하지만, 고구마는 단맛 때문에 주식보다는 채소나 간식으로 많이 쓰인다. 먹는 부위도 각각 다른데, 감자는 땅속줄기를 먹고 고구마는 뿌리를 먹는다. 감자와 고구마는 꽃을 피우지만 씨앗으로 번식하지 않는다. 농사를 지을 때도 감자는 땅속줄기에 있는 눈을 심고, 고구마는 뿌리에 난 줄기를 심는다. 어쨌거나 감자와 고구마는 세계 곳곳에서 곡물의 보조 역할을 충실히 하고 있다. 특히 감자는 수확 기간과 조리 시간이 짧아 고위도의 궁핍한 지역에서 대체 식량으로 이용되고 있다.

감자와 고구마는 신대륙에서 구대륙으로 퍼진 지 500여 년밖에 되지 않았다. 그러나 오늘날 구대륙의 그 누구도 이 둘을 낯설어하지 않는다. 특히 유럽에서 감자는 정착하는 데 200여 년이라는 긴 시간이 걸렸으나 이제는 아일랜드와 독일 음식의 정체성을 감자에서 찾을 만큼 친숙한 식물이 됐다. 고구마는 단맛 덕분에 감자보다 훨씬 빠르게 정착했지만 용도는 감자보다 많지 않다.

감자는 메소포타미아에서 보리농사를 짓기 전부터 페루와 볼리비아의 고산 지역에서 작물로 재배되며 오랫동안 진화한 만큼 추위에 강하다. 안데스 산맥의 추운 날씨를 견디며 짧은 시간 안에 생명체의 연속성을 확보하는 유전자를 갖춘 감자는 춥고 여름이 짧은 지역에 퍼져 굶주림을 해결했다. 우리도 감자에 신세를 많이 졌다. 특히 강원도 지역은 '감자바위'라고 불릴 정도로 감자를 많이 재배했다. 산이 많은 함경도와 강원도는 다른 곡식을 재배하기가 힘들기에 옥수수와 감자가 주곡 역할을 했다.

우리가 감자를 심기 시작한 것은 18~19세기지만 전국적으로 재배한 것은 일제 강점기의 일이다. 일본이 한반도를 강탈하고 곡식을 빼앗은 뒤 부족해진 식량을 메우기 위해 감자 심기를 장려한 것이다. 감자보다 일찍 들여온 고구마 역시 초기에 보급이 잘 안 되다가 일제 강점기 이후 널리 재배된다. 우리나라의 감자와 고구마 역사에는 이런 서러운 시기도 있었다.

아일랜드와 감자, 그리고 케네디

유럽인이 남아메리카에서 감자를 발견한 것은 1537년이고, 에스파냐 사람들이 유럽으로 감자를 가져온 것은 1570년쯤이다. 그러나 빵을 주식으로 하던 유럽인은 땅속에서 자라는 감자를 탐탁지 않게 여겼고 주식으로는 생각도 안 했다. 당시 감자는 하얀색의 이국적인 꽃이 피는, 정원의 희귀식물일 뿐이었다.

유럽에서 감자가 식량으로 쓰이는 데는 200여 년의 세월이 걸렸다. 그중 아일랜드는 유럽에서 가장 먼저 감자의 유용성을 깨닫고 17세기부터 재배한 나라로, 18세기에는 감자를 주식으로 삼기에 이른다. 당시 아일랜드는 날씨도 좋지 않고 농토도 척박해 주로 귀리를 재배하던 가난한 농촌이었다. 뿐만 아니라 빵을 주식으로 삼지 않고 귀리로 죽을

북아일랜드 다운주에 있는 감자밭.

만들어 먹는 등 잉글랜드와 다른 식습관을 가졌기에 감자를 가장 먼저 받아들일 수 있었다.

아일랜드에서 감자가 주식으로 자리매김할 수 있었던 또 다른 이유는 익히는 데 연료가 적게 든다는 점도 있었다. 아일랜드는 호수 밑바닥에 있는 토탄을 주요 연료로 썼기 때문에 석탄을 주로 쓰던 잉글랜드보다 연료가 풍족하지 못했다.

아일랜드는 습한 날씨와 비교적 낮은 기온, 척박한 토질을 감자라는 작물로 극복했다. 1780년 무렵에는 대규모로 감자를 경작해 주식으로 삼았다. 물론 아일랜드 농토 전체에 감자를 심은 것은 아니었다. 곡식도 심긴 했지만 아일랜드의 농지 대부분을 차지한 잉글랜드 지주들이 곡식을 쓸어 갔다. 그래서 아일랜드의 소작농들은 남은 땅에 감자 농사를 지어 생계를 유지했다.

그러다 1845년 유럽에 감자 마름병이 번지기 시작해 1847년 아일랜드를 덮쳤다. 다른 나라는 감자 농사를 주로 하지 않았기에 큰 타격을 입지 않았지만 아일랜드는 인구의 3분의 1 정도가 감자 농사에 전적으로 의지했기에 상황이 심각했다. 게다가 감자 마름병은 5년 동안 계속됐다. 이 대기근으로 약 100만 명의 아일랜드인이 굶어 죽고, 약 100만 명이 해외로 이주했다. 미국의 전 대통령 존 F. 케네디John Fitzgerald Kennedy도 이때 미국으로 이주한 아일랜드 이민자의 후손이다.

존 F. 케네디.

오늘을 만든 씨앗

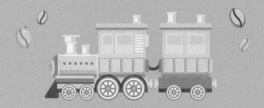

아프리카와 유라시아, 그리고 남북아메리카 대륙이 서로 떨어진 것은 지금으로부터 약 1억 8000만 년 전이다. 그리고 현생 인류가 나타난 것은 약 20만 년 전이다. 1억 8000만 년에 비하면 그야말로 짧은 시간인데, 그 잠깐 사이에 인간은 대륙 곳곳에 정착하고, 농사를 짓고, 문명을 이루고, 식물을 육종했다. 그리고 이곳에서 저곳으로 씨앗을 퍼뜨렸다.

적도 근처의 섬에서는 시도 때도 없이 공격하는 벌레를 쫓기 위해 매운맛으로 무장한 후추가 자랐다. 그리고 사람들은 이 열매의 가루를 고기에 뿌리면 누린내가 없어져 고기 맛이 훨씬 좋아진다는 사실을 알게 됐다. 그저 마른 열매 몇 알을 가루로 만든 것일 뿐인데 한번 맛보면 다시 찾을 수밖에 없을 정도로 중독됐다. 이 열매는 인도를 통해 아랍에 전해졌고, 그리스 로마 시대에는 유럽에까지 전파됐다. 후추의 교역은 대

후추나무.
인도네시아
말루쿠 제도가
원산지다.

략 기원전 6세기부터 시작됐다고 전해진다.

유럽인은 후추를 뿌리지 않은 고기는 못 먹을 정도로 후추 맛에 길들여져 갔다. 그러나 그들은 후추가 어디서 나는지도 몰랐다. 대개 아랍 상인들에게 비싼 값을 쳐주고 샀다. 유럽인은 이 열매가 씨앗이라는 것은 알았지만 기후가 맞지 않아 아무리 해도 자라지 않았으며 부담이 많은 후추 구입비용은 해결을 해야 했다.

아랍은 후추 생산지가 아니었다. 아랍 상인은 인도에 가서 후추를 사 왔고, 인도 상인은 말루쿠 제도에서 사 왔다. 중간 단계를 여러 번 거치니 값이 오를 수밖에 없었다. 뿐만 아니라 중간 지역에서 변란이 일어나거나 지역 간의 관계가 단절되면 교역이 중단되기도 했다. 그러면 품귀 현상이 일어나 부르는 게 값이 됐다.

후추는 조건이 좋은 수출품이었다. 바싹 말린 상태라 변질될 염려가 없고, 특유의 매운 성분 때문에 벌레 먹을 염려도 없다. 부피도 작고 무게도 가볍기 때문에 배로 엄청나게 많은 양을 한꺼번에 운송할 수 있다. 그런데도 값은 비쌌다. 인도와 아랍의 상인들은 후추 교역을 통해 많은 이윤을 남겼다. 심지어 아랍과 유럽 사이에서 중계 무역을 하던 베네치아 사람들도 큰돈을 벌었다.

유럽인의 입장에서는 비싼 값을 치르는데도 이런저런 사정으로 후추를 구경조차 못하게 되니 고민이었다. 유럽과 아랍 사이에 정치적인 문제로 갈등이 생기면 당장 후추를 구하기가 어려워졌다. 구하기 힘들면 더 간절해지는 법, 유럽인의 후추를 향한 열망은 식을 줄 몰랐다. 오죽하면 교황인 우르바노 2세가 십자군 전쟁을 일으킨 것은 후추 때문에 아랍인에 대한 증오심이 커진 탓이라는 추측이 나왔겠는가.

그러다 유럽인들은 아랍인들이 인도에서 후추를 사 온다는 사실을 알게 됐다. 유럽인의 눈에 인도는 황금과 보석, 진기한 것과 비싼 후추가 널린 신비한 곳이었기에 어떻게든 인도에만 가면 부자가 될 것이라 생각했다. 그러나 인도로 가는 육로는 막혀 있었다. 종교적으로 적대적인 아랍인의 땅을 지나야 했기 때문이다. 결국 바다로 돌아가는 방법을 개척해야 했다.

바닷길은 멀고 험했다. 폭풍우를 만나 배가 뒤집힐 수도 있었다. 바다의 끝은 낭떠러지일지도 모른다는 공포심도 컸다. 그러나 지구가 둥글다는 이야기가 돌기 시작했고, 여러 증거를 바탕으로 증명됐다. 그렇다면 유럽의 동쪽에 있는 인도는 서쪽으로 돌아가도 닿을 것이었다.

인도에서 후추와 황금을 가져와 부자가 되는 상상을 실행에 옮기는 이들이 나타났다. 이탈리아 제노바에서 태어나 포르투갈 리스본에 살던 크리스토퍼 콜럼버스도 그들 가운데 한 사람이었다. 물론 계획만 가지고 될 일은 아니었다. 여러 조건이 맞아야 하고 든든한 후원자도 있어야 했다. 지도 제작자이자 항해 경험을 갖춘 그는 포르투갈에서 지원을 거절당하자 우여곡절 끝에 에스파냐 여왕의 지원을 얻어 냈다. 그리하여 1492년 8월 대서양 서쪽으로 항해를 시작한다. 그리고 두 달 남짓 대서양을 건너 아메리카 대륙에 닿는다 콜럼버스는 죽을 때까지 그곳이 인도인 줄 알았다.

탐험가인 바스쿠 다가마 Vasco da Gama 는 다른 방법을 찾았다. 아프리카 대륙을 돌아 인도로 가려 한 것이다. 15세기 말 그는 희망봉을 지나 아프리카 동쪽 기슭으로 오른 뒤 아라비아해를 건너 인도에 도착한다. 그

서인도 제도에 도착한 콜럼버스와 일행의 모습.
존 밴덜린, 〈The Landing of Columbus〉, 1842~1847년, 365.76×548.64cm, 캔버스에 유채,
미국 국회의사당.

바스쿠 다가마가 포르투갈의
왕 마누엘 2세에게 인도에서
가져온 과일을 바치는 모습.
약 1900년, 54×41cm,
포르투갈 국립중앙도서관.

리고 몇 년 뒤 군대를 이끌고 다시 가서 강제로 식민지를 만든다. 총독이 된 그는 그렇게 꿈에 그리던 후추를 손아귀에 넣는다.

대륙을 이은 씨앗들

결국 후추에 대한 갈망이 대항해 시대를 열었다. 그리고 이를 통해 신대륙의 특이하고 유용한 식물이 여기저기로 퍼져 나간다. 앞서 이야기한 토마토, 감자, 옥수수, 고추 등은 구대륙으로 건너가 소중한 자원이 된다. 구대륙의 식물도 신대륙으로 쏟아져 들어간다. 오늘날 아메리카 대륙에서 가장 많이 생산되는 밀과 대두도 구대륙의 작물이다. 설탕의 원료인 사탕수수는 인도가 원산이지만 오늘날에는 카리브해를 비롯한 중남미가 주요 생산지가 됐다. 구대륙과 신대륙 사이를 오고간 작물들도 있다. 땅콩은 남미가 원산이지만 구대륙으로 옮겨 갔다가 다시 북미 대륙으로 이동한다. 그리고 미국 남동부에 세계 최대의 땅콩 농장이 조성된다. 땅콩버터도 이곳에서 만들어졌다.

커피는 아프리카가 원산이지만 같은 열대 지역인 중남미로 옮겨 와 더욱 번성한다. 커피 생산량도 원산지인 아프리카를 훨씬 추월한다. 요즘은 아시아의 커피 재배도 무시하지 못한다. 인도네시아를 비롯해 베트남과 브루나이 등도 세계의 주요 커피 생산지로 자리 잡고 있다. 커피만큼 세계적으로 폭넓게 상업화된 작물은 없을 것이다.

커피와 달리 차나무는 그다지 세력을 넓히지 못했다. 히말라야의 남

위 커피나무. 아프리카가 원산이지만 중남미로 옮겨 와 더욱 번성한다.
아래 카카오나무. 커피와 반대로 남아메리카가 원산이지만 지금은 아프리카가 주산지가 됐다.

쪽 인도 또는 중국 남부가 원산지인 차는 고작해야 일본과 한국 남부에 퍼졌을 뿐이다. 기호품으로서도 중국과 영국, 일본에는 열광적인 추종자를 거느리고 있지만 다른 지역에서는 그다지 활발하게 이용되지 않는다.

커피와 상반되는 경우가 초콜릿의 원료인 카카오다. 신비롭게 생긴 이 열매의 씨앗에는 정말 다양한 성분이 있다. 이 씨앗에서 짜낸 지방이 카카오 버터고, 남은 것을 말려 가루로 만든 게 코코아다. 초콜릿은 이것을 다시 우유, 설탕과 섞어 만든다. 카카오는 남아메리카가 원산지인 마야 문명에서 '신들의 열매'라 불렸다. 화폐로도 쓸 만큼 귀중한 것이었는데, 이제는 주산지가 바뀌어 아프리카에서 생산되는 양이 전체 생산량의 70퍼센트 정도 된다.

대항해 시대를 촉발시킨 후추도 고향인 인도네시아 말루쿠 제도를 탈출했다. 기후 때문에 다른 지역으로 전파되기가 쉽지 않았지만 지금은 베트남의 후추 수확량이 더 많다. 후추와 함께 인도에 엄청난 부를 가져다주었던 정향, 육두구 등의 향신료도 아프리카 동쪽의 모리셔스와 마다가스카르로 옮겨 가 그곳이 주요 생산지가 됐다.

정향은 드물게 꽃봉오리를 말려 쓰는 향신료다.

향이 강한 육두구는 향신료뿐만 아니라 약재로도 쓰였다.

대항해 시대는 씨앗을 세계 곳곳으로 옮기며 식민지 정책을 유발했다. 대표적인 것이 사탕수수다. 사탕수수의 원산지는 인도로, 기원전 4세기 그리스 세계를 지배한 알렉산드로스^{Alexandros} 대왕이 인도를 원정할 때 이미 맛보았을 정도로 오래된 것이다. 사탕수수를 정제한 산물인 설탕은 인도 주위의 아랍과 중국에 수출될 정도의 특산물이었다. 고려도 이 설탕을 수입해서 먹었다. 사탕수수는 대항해 시대에 유럽인들에 의해 식민지인 카리브해 연안으로 옮겨 갔고, 이곳이 세계 최대의 설탕 생산지가 된다.

영국은 식민지에서 나는 것을 다른 식민지에 공급하여 이득을 얻었다. 이것이 당시 제국들의 식민지 경영 방식이었고, 이 정책에 따라 많은 농산물이 생산지를 옮기는 계기가 됐다. 영국은 또한 인도의 홍차를 식민지 미국에 독점권을 주고 팔아 이득을 취하고, 설탕을 유럽으로 가져가 이득을 취했다. 그러다 결국 1773년 '보스턴 차 사건'이 일어났고, 그것이 미국 독립 전쟁의 계기가 된다. 이처럼 황금 작물의 경작지 이전은 식민지 정책의 일부였고, 여기서 나온 모순들은 식민지들의 제국에 대한 저항을 일으켜 새로운 질서를 만들어 냈다. 사실 지금도 자본에 의한 생산지 이전은 계속되고 있다고 봐야 한다.

이렇듯 대항해 시대에 많은 작물의 주요 산지가 바뀌었다. 곤충, 바이러스 등 식물의 천적이 더 적은 곳에 적응한 것이다. 기후 조건만 맞으면 오히려 자생지보다 좋을 수 있다. 그리고 일부 식물은 육종을 거쳐 전혀 다른 성질을 가진 작물로 바뀌었다. 매운맛을 내는 고추가 단맛을 내는 파프리카로 변신한 것처럼 말이다. 그러면서 지구는 계속 바뀌어 갔다. 새로운 농토를 개척하고, 다른 지역에서 가져온 씨앗을 심고, 수확한 작물을 가공하고, 그것을 가져다 다른 지역에 파는 엄청난 순환 고리를 만들었다. 그리고 노동력 확보를 위해 아프리카인을 잡아들여 신대륙에서 노예로 부리는 만행까지 벌였다. 이처럼 어두운 자취를 남기기는 했지만, 세상은 이전과 다른 엄청난 활기로 가득 찼다.

현대를 만든 것은 씨앗을 향한 인간의 욕심이라 할 수 있다. 역사에 가정법은 없지만, 후추가 없었다면 대항해 시대가 시작되지 않았을 것이다. 역사의 바퀴가 어디로 흘러갔을지는 알 수 없으나 인간으로 하여금 농경 사회를 이루게 한 것도, 좁은 농경 사회에서 벗어나게 한 것도 씨앗이다.

산업혁명을 촉발하다

우리는 흔히 기계 문명과 과학 기술의 시대를 연 것은 18세기 중반의 산업혁명이라고 알고 있다. 산업혁명이라고 하면 증기기관과 철도가 자연스레 떠오르기에 씨앗과 별로 관련이 없어 보인다. 그러나 산업혁명에도 씨앗의 역할은 상당했다. 씨앗이 없었다면 과학 기술 시대는 열리지 않았을 것이다.

산업혁명이 일어난 18세기 중반이 되기까지 변혁을 주도한 것은 역시 씨앗이었다. 대항해 시대가 열리자 유럽의 국가들은 일제히 해외로 눈을 돌렸다. 그들은 식민지를 만들고 식민지에서 생산되는 물품을 판매

할 해외 시장을 개척하는 데 온 힘을 쏟았다. 이 과정에서 많은 노예와 원주민이 착취를 당했다. 일부 유럽 국가는 전쟁을 벌이며 세력을 확장했다. 그 결과 유럽에는 상공업이 발달하고 자본이 쌓였다. 부르주아 시민 계급이 등장했고, 이들에 의해 왕권이 제한되기도 했다.

상공업의 발달은 여러 문제를 낳았는데, 가장 심각한 것은 연료 문제였다. 나무를 태워 연료를 만드는 전통적인 방식으로는 수요를 감당할 수가 없었다. 그래서 나온 대안이 땅속의 석탄을 캐서 쓰는 것이다. 그러려면 땅도 파고, 갱도도 설치하고, 지하수도 처리해야 했다. 토머스 뉴커 면Thomas Newcomen의 증기 동력 장치가 여기에 쓰였다. 그리고 증기 동력 장치는 제임스 와트James Watt에 의해 개량되어 원동기로서 역할을 하게 된다. 석탄을 캐서 동력 장치의 연료로 쓰려면 석탄을 운송할 수단도 필요했다. 그래서 철도가 개발되고, 철도 만드는 제철 산업도 발달한다.

영국 산업혁명 당시의 기차와 철도. 교통의 발달이 산업혁명을 주도했다.

면화가 산업혁명의 기수였다는 사실을
잊으면 안 된다.

영국 산업혁명 당시의 방직 공장.

이 모든 연쇄 과정이 산업혁명이다. 그리고 산업혁명의 최종 목표는
무언가를 생산하고 팔아서 자본을 축적하는 것이었다. 동력과 기계를
이용한 첫 번째 산업은 방직이고, 원료는 면화다. 면화는 인도의 데칸 고
원에서 자라던 식물로, 씨앗이 솜에 둘러싸여 있는 것이 특징이다. 이는
데칸 고원의 적은 강수량에 적응하기 위해 마련된 것일지 모른다. 잠깐
내리는 비를 담뿍 품기 위해 형성된 면화의 섬유질은 실과 천을 만드는
데 더없이 좋은 재료가 됐다.

산업혁명이 영국에서 처음으로 일어난 것은 석탄, 증기 기관, 철강,
기계 등의 조건을 완벽하게 갖추고 식민지인 인도에서 면화를 가져다 썼
기에 가능했다. 이전에는 물레로 면화에서 실을 자아낸 뒤 직조기로 천
을 짜서 면직물을 만들었다. 그러다 보니 노동력은 많이 들고 품질과 규
격은 천차만별일 수밖에 없었다. 반면에 영국은 기계를 이용해 실을 뽑
고 천을 짰다. 당연히 노동력은 대폭 줄어들고 품질은 높아졌다. 시장 경
쟁력은 단연 최고였다.

이렇게 첨단 산업으로 등장한 면방직은 이전의 설탕, 담배, 차와 같은 일차적 가공품보다 효율적으로 자본을 축적했다. 유럽 각 나라는 영국의 산업혁명을 따라 하며 자본주의 사회로 빠르게 나아갔다. 근대화 과정에 있어 경공업인 면방직은 근대화를 추진한 거의 모든 국가가 거쳐 간 산업이다. 미국도 그랬고, 동아시아의 중국과 일본, 한국도 면방직 공업을 거쳐 근대 공업화를 이뤘다. 결국 자본주의도 씨앗에서 비롯됐다는 이야기다.

첨단 과학 기술 시대의 씨앗

씨앗 하면 우리는 주로 식량을 떠올리지만 사실 우리가 먹고 입고 거주하는 거의 모든 것에 씨앗이 숨어 있다. 수렵채집 시대에는 짐승의 털과 가죽으로 옷을 만들어 입었지만, 농경 시대에는 마 종류와 면화를 이용해 옷을 만들었다. 비단이나 털실은 씨앗과 상관없다고 생각할지도 모르겠다. 그러나 누에가 고치를 짓게 하려면 뽕나무 잎을 먹여야 하고, 토끼나 양을 키워 실을 얻으려면 풀을 먹여야 한다. 누에, 양, 토끼는 생산을 위한 중간 도구일 뿐, 가장 먼저 해야 할 일은 뽕나무 밭이나 풀을 가꾸는 것이다.

현대에는 나일론, 폴리에스터와 같이 석탄이나 석유에서 뽑아낸 인공 섬유를 쓴다. 그러나 이러한 변화가 일어난 지는 채 100년도 되지 않았다. 인공 섬유가 아무리 훌륭해도 아직은 면직물, 모시, 삼베, 비단, 양

털과 같은 천연 섬유의 촉감을 즐기는 사람이 더 많다. 세상에 씨앗을 벗어날 수 있는 것은 거의 없다. 모든 동물은 풀이나 나무에 의존해 삶을 꾸려 간다.

집도 마찬가지다. 이제는 철근, 플라스틱, 시멘트 같은 무생물의 가공품이 건축의 주요 자재로 이용되지만, 과거에는 나무와 풀을 이용했다. 커다란 나무가 없는 지역에서는 돌과 벽돌을 이용했지만 돌로 지은 건축물이라도 나무는 어딘가에 쓰였다. 오늘날 시멘트와 벽돌을 이용한 건축물에도 친근하고 부드러운 느낌을 주는 나무가 내장재로 많이 이용된다. 인간이 자연과 교감을 나눈 시간은 아주 길기에 아무리 산업이 발달한다 해도 인공 재료가 모든 천연 재료를 대체하지는 못할 것이다.

산업혁명은 얼핏 보면 완전히 새로운 현대 사회를 구성한 것 같지만, 겉모습만 그렇게 보일 뿐이다. 씨앗의 전통적인 역할은 결코 사라지지 않았다. 오히려 그 안에서 방직 산업과 같은 중요한 역할을 담당했다. 산업혁명의 또 다른 축인 석탄도 씨앗과 관련이 있다. 거대한 양치식물의 잔해인 석탄은 씨앗의 원조라고 할 수 있는 포자의 자손이기 때문이다. 고생대 다섯 번째 기간인 3억 8000만 년 전부터 2억 8000만 년 전에는 열대와 아열대 지역에서 양치식물이 20~30미터까지 자라며 번성했다. 그리고 이들은 산소를 내뿜으며 동물의 진화를 촉진했다_{산소의 증가는 생물의 크기를} _{키우고 다양성을 높였다}. 이때 번성한 양치식물이 지층 속에 들어가 지열로 탄화된 것이 석탄이다. 그래서 이 시기를 석탄기라 부른다. 석탄에는 암모나이트와 같은 멸종 생물의 화석이 많이 발견된다. 석탄기 다음인 페름기 말에 대량 멸종이 일어났기 때문이다.

현대 사회에도 씨앗의 역할은 결코 줄지 않았다. 요즘은 인간도 화학 물질을 만들고 있지만 식물의 화합 능력에 비하면 아무것도 아니다. 이 세상의 모든 물질 가운데 인간이 합성한 것은 강가의 수많은 모래 가운데 한 줌에 지나지 않는다. 문명이 고도로 발달한 과학 기술의 시대에도 씨앗의 중요성은 변하지 않았다. 오히려 씨앗 유전자의 창조력을 배우기 위해 노력하고 있다. 씨앗은 의식주뿐만 아니라 첨단 과학에도 요긴하게 쓰인다.

병을 치료하다

약효를 지닌 야생 식물에 관한 지식은 병을 치료하는 데 도움이 되기에 매우 귀중했다. 그래서 약초에 관한 전문 지식을 지닌 사람은 굉장히 존경받았다. 이들은 이름난 무당, 마을의 노인 등 부족의 원로인 경우가 많았다.

식물들 가운데는 상처에 바르면 지혈이 되거나 빨리 아물게 해 주는 것들도 있고, 고통을 줄이거나 환각을 느끼게 하는 식물도 있다. 이를테면 톱풀은 지혈 효과가 탁월해 상처를 치료하는 데 썼고, 양귀비의 수액을 모은 아편은 진통 효과가 필요한 거의 모든 경우에 썼다. 코카인 성분이 든 코카나무의 잎도 코카인이 마약으로 지정되기 전까지 열대 지방에서 약품으로 광범위하게 사용됐다.

식물에 대한 전문 지식을 갖춘 사람은 점차 병을 치료하는 의사가

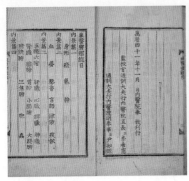

이시진의 《본초강목》.

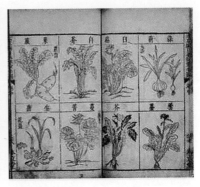

허준의 《동의보감》.

됐다. 전문 인력이 약초를 채취해 저장하고 처방했다. 약에 관한 전문 지식이 다음 세대로 전래되지 않고 끊기는 경우도 있었지만, 지식을 체계적으로 정리해 기록으로 남긴 경우도 많았다. 명나라의 이시진이 약초의 종류와 효용을 백과사전식으로 정리한《본초강목本草綱目》은 중국의 대표적인 약학서로 꼽힌다. 세종 때인 1433년 유효통, 노중례, 박윤덕이 편찬한《향약집성방鄕藥集成方》은 한반도에서 자라는 모든 약초의 효용을 집대성한 의약서다. 또한 1610년 허준은 《동의보감東醫寶鑑》을 편찬했는데, 이책의 '탕액 편'에는 각종 약재를 채취하고 갈무리하고 조제하는 방법과약의 성질, 맛, 효과 등이 자세하게 적혀 있다. 이러한 책들은 물론 그 이전에 기록된 자료가 있었기에 탄생할 수 있었다. 약을 규칙에 따라 체계적으로 조제해 왔음을 알 수 있다.

우리나라에서 한약재로 쓰이는 것들을 보면 인삼, 당귀, 방풍, 마황, 감초, 결명자, 오미자, 구기자 등 식물의 뿌리, 이파리, 열매가 다양하게 쓰

펠릭스 호프만.

인류는 버드나무 껍질이 해열, 진통 효과를 낸다는 사실을 일찍부터 알고 있었다.

이고, 종류도 동물성 한약재보다 훨씬 많다. 치료를 위한 약뿐만 아니라 인삼, 영지버섯처럼 건강을 돌보고 기력을 증진하는 보약 재료도 많다.

　한약재 가운데는 한의원에서 처방하고 조제해 판매할 뿐만 아니라 그 효능을 인증받아 약국에서 만들어 놓고 파는 매약으로 개발된 것도 적지 않다. 천연 식물을 가지고 인공 합성 물질을 개발해 만든 근대 의약품도 많다. 진통 해열제로 널리 쓰이는 아스피린이 대표적이다. 인류는 로마 시대부터 버드나무 껍질을 진통 해열제로 이용했는데, 19세기 초반 버드나무 껍질에서 살리실산의 전구물질^{어떠한 화합물을 합성하는 데 재료가 되는 물질}인 살리신을 추출하는 데 성공한 뒤 1899년 독일 제약회사 바이엘의 펠릭스 호프만^{Felix Hoffmann}이 이를 아세틸살리실산이라는 약제로 개발했다. 이때부터 아스피린은 나무껍질이 아니라 인공 합성 물질로 만들어졌다.

　이처럼 효능이 검증된 식물로 약제를 개발하는 일은 드물지 않다. 오랫동안 효과가 증명된 식물의 약리 작용을 분석해 약제로 개발하는 것이 신약을 만드는 가장 간단한 방법이기 때문이다. 이렇게 개발된 약은 진통제, 해열제, 기침약, 진정제, 혈압약, 소화제, 환각제, 설사약 등 거의 모든 증세별로 다양하게 나와 있다.

세계적인 제약회사들은 약효를 지닌 식물의 씨앗을 확보하는 데 많은 노력을 기울이고 있다. 그들은 그저 기록에 나오는 정보만 살피는 게 아니다. 아마존에서 수렵채집 생활을 하는 원주민을 만나 그들이 아플 때 쓰는 방법을 듣고, 그들이 쓰는 약초와 씨앗을 얻어다 효과와 부작용을 면밀하게 살핀다. 지금도 수많은 식물이 이런 목적으로 수집되고 있고, 이를 통해 많은 약이 개발되고 있다.

고무나무와 자동차 산업

산업 사회를 이루는 데 면화만큼이나 중요한 역할을 한 식물이 고무나무다. 19세기 말 아마존의 밀림에서 발견된 이 고무나무가 없었다면 자동차가 지금처럼 발달하지 못했을지도 모른다.

고무나무 껍질에 상처를 내면 수액이 흘러나오는데, 이것을 받아 응고시킨 것이 생고무다_{수액을 이용한 것이 처음은 아니다. 옻나무의 수액은 칠기의 도료로 쓰였다.}. 생고무는 탄성이 좋고 질겨서 땅과 자동차 바퀴 사이에서 완충작용을 했다. 사람들은 시끄럽고 승차감이 떨어지는 이전의 바퀴를 고무로 감쌌고, 그때부터 자동차의 효용성이 높아졌다. 그 뒤로 거의 모든 바퀴는 고무에 유황을 첨가해 만들어졌다. 그리고 고무나무도 아마존의 밀림에서 열대 지

고무나무에서 수액을 채취하는 모습.
고무나무가 없었다면 자동차 산업이
지금처럼 발전하지는 못했을 것이다.

방인 말레이시아, 자바, 수마트라, 스리랑카 등의 동남아시아로 퍼져 본격적인 확대 생산에 들어간다.

자동차 산업이 발달한 뒤에는 수요가 늘어 고무나무의 수액을 받아서는 감당할 수 없는 지경이 된다. 그래서 2차 세계대전 이후에는 합성 고무를 개발해 쓴다. 오늘날 자동차 타이어는 모두 이 합성 고무로 만들어진다. 이 모든 건 천연 고무가 있었기에 가능했다. 천연 고무의 분자 구조를 알지 못했다면 합성 고무를 만드는 데 더 오랜 시간과 노력이 들었을 것이다. 이처럼 인간의 기술은 대개 자연을 모방하는 데서 시작한다. 인간의 모든 아이디어의 원천은 자연인 셈이다.

이것 말고도 씨앗과 식물의 용도는 말로 다할 수 없을 정도로 많다. 지금 우리가 숨 쉬는 공기조차 이 식물들이 광합성 작용을 하며 대기로 뿜어낸 것이며, 그들의 광합성의 결과가 우리들이 먹는 것의 전부다. 결국 우리는 씨앗이 키운 식물들에게서 나온 것을 먹어, 이를 에너지로 쓰기 위해 다시 이들이 만들어 놓은 산소를 이용한다. 곧 모든 동물은 직접이든 간접이든 식물 없이는 단 하루도 살 수 없는, 식물에 기생하는 존재다. 생존의 가장 기본적인 것을 식물에게 기대고 있다.

그것 이외에도 식물의 용도는 무궁무진하다. 심리적인 면에서도 그렇다. 사람들은 푸르른 나무들이 우거진 숲과 산을 바라보며 심리적인 안정을 찾지, 황야와 사막과 같은 풍경에서 안락함을 느끼지는 못한다. 겨울의 스산한 바람과 차가운 얼음과 눈은 또 다른 느낌을 주기는 하지만, 잎이 돋아나며 꽃들이 피어나는 봄철이 훨씬 따뜻하고 안락한 감정을 불러 일으킨다. 겨울과 눈이, 사막과 황야가 더 멋있다고 생각하는 사람도 있겠지만, 실제 그곳에서의 생존은 훨씬 가혹하다. 그러기에 봄에 나뭇잎이 돋아나고 꽃들이 피어날 때, 그 흥겨움에 꽃놀이도 하며 자연의 꽃들을 맞이한다. 꽃과 식물을 가까이하고자 집에 나무도 심고 화단을 가꾸어 꽃을 보면서 심리적 안정을 얻고, 세상의 즐거움을 찾는 것이다.

그래서 우리는 즐겁거나 기쁜 일이 있을 때마다 화려한 꽃을 건네며 축하를 한다. 백일과 돌에 그러하며, 입학식과 졸업식이 그러하며, 사랑하는 연인에게 꽃다발을 건네는 게 그러하며, 결혼식이 그러하며, 승진과 영전에 꽃다발을 건네는 게 그러하다. 마지막 세상과 작별하는 장례식조차 국화에 파묻혀 살아 있는 사람들과 이별을 한다. 이 세상에서 꽃은 세상의 기쁨과 화려함, 그리고 엄숙함까지 담은 절정의 상징물이다. 식물은 꽃이 지면 씨앗을 맺고, 씨앗을 통해 다음 세대의 삶을 꿈꾼다. 우리가 꽃과 씨앗을 중시하는 것은 이런 숨은 뜻을 알고 있기 때문이다.

지속 가능한 세상을 위해

씨앗은 인간보다 긴 수억 년의 역사를 지니고 있다. 씨앗의 입장에서 보자면 인간은 이제 막 태어난 정체불명의 애송이일 뿐이다. 식물은 인간이 등장하기 한참 전에 지구를 차지하고 생명을 퍼뜨렸다. 지금도 극지와 고산 일부를 제외한 거의 모든 곳에 뿌리를 내리고 살고 있다. 여름이 매우 짧고 추운 툰드라 동토부터 비가 거의 오지 않는 사막에 이르기까지 강한 생명력을 뿜어내며 살고 있다. 이러한 식물이 자손을 잇는 도구가 바로 씨앗이다.

식물은 변화하는 환경에 적응하기 위해, 개체수를 늘리기 위해 여분의 씨앗을 만들었고, 이를 이용해 땅 위를 점령했다. 그러는 사이 식물을 직간접으로 식량으로 삼는 동물도 진화를 거듭했다. 그리고 마침내 인간이 등장했다. 인간도 처음에는 다른 동물과 마찬가지로 그저 자연에 있는 씨앗을 식량으로만 여겼다. 그러나 조건만 잘 맞추면 그 여분의 씨앗으로 또 다른 식량을 만들 수 있음을 곧 발견했다. 그러면서 인간의 삶은 완전히 달라졌다. 문명으로, 과학 기술로 발전했고, 정복과 전쟁과 노예의 슬픈 역사로도 이어졌다. 인간의 모든 역사에는 씨앗이 큰 역할을 했다. 여느 동물과 달리 인간은 씨앗이 주는 모든 과실을 잘 챙겼다. 그런데 아이러니하게도 인구가 늘고 기술이 발달하면서 식물은 점차 서식지를 잃고 있다. 그리고 인간에 의해 선택된 몇몇 종만 집중적으로 재배되고 있다. 이것이 대략 1만 년 동안 인간이 걸어온 발자취다.

그런 와중에 기후는 급격하게 바뀌고 있다. 지구 온난화는 체감할 수 있을 만큼 심각한 지경에 이르렀다. 북극과 그린란드의 빙하는 날이 갈수록 줄고 있다. 기후의 급격한 변화와 재배 작물 형질의 단순화는 커다란 재앙으로 이어질 수 있다. 인간은 자만심에 가득 차 자연을 정복하려 하지 말고 여전히 씨앗에 종속되어 살아가고 있음을 마음 깊이 새겨야 한다. 그리고 앞으로도 자연적인 재앙을 이길 모든 방법은 그 작디작은 씨앗 속에 숨어 있음을 기억해야 한다. 수억 년의 세월 동안 자연이 축적한 지혜의 보고가 바로 씨앗이기 때문이다. 우리는 보다 겸허한 마음으로 씨앗을 보존하고 식물이 자랄 수 있는 공간을 확보해야 한다. 지구 자원을 아끼며 지속 가능한 세상을 위해 노력해야 한다. 여전히 우리 삶은 씨앗에 종속되어 있다.

콜럼버스와 담배, 그리고 고추

대항해 시대에 콜럼버스가 이사벨 여왕에게 인도 항해 조건으로 제시한 내용을 보면 인도를 황금과 값비싼 향신료로 가득한 곳으로 생각했음이 틀림없다. 콜럼버스는 인도에서 나오는 수입의 10분의 1과 무역 거래 지분 8분의 1, 총독 임명 등을 요구했다. 바다를 돌아 인도에 가서 높은 지위와 부를 가질 수 있을 것이라 확신한 것이다.

천신만고 끝에 도착한 바하마 제도는 아마도 그의 환상을 만족시키지 못했을 것이다. 원주민은 순박하고 친절했을지 몰라도 부자로 보이지는 않았을 것이다. 어쨌거나 콜럼버스는 자신이 도착한 대륙이 인도는 아닐지라도 일본이나 중국의 어느 해변이라고 굳게 확신했다. 금은보화와 향신료도 발견하지는 못했지만 어딘가에 있다고 생각한 것 같다. 바하마 제도에는 아무것도 없었지만 왕실에는 금광과 향신료가 많다고 보고한다.

실제로 콜럼버스와 일행이 본 것은 원주민이 해먹을 나무에 달고 자는 모습과 담배 피우는 모습인데, 에스파냐로 돌아오자마자 곧바로 따라 했다. 이때 해먹이 보급됐다. 그리고 담배는 신대륙을 오가는 탐험가들이 많아지면서 유럽에 서서히 전파됐다. 처음에는 최신 문물을 접하는 항해꾼들이 과시하기 위해 담배를 피웠는데 금세 많은 사람이 이를 따라 했다. 그러다 결국 담배 씨앗을 가져와 재배하기 시작했다. 담배는 습관을 모방하는 것인데, 그 확산 속도는 무척 빠르다. 한 지역에

담배 씨앗은 모든 씨앗 가운데 가장
작은 축에 들지만 이렇게 크게 자란다.

담배가 보급되는 데 보통 30년이면 족하다. 감자 보급에 걸린 200년에 비하면
굉장히 빠른 시간이다.

　당시에는 몰랐지만 담배의 확산 속도가 이처럼 빨랐던 것은 담배에 들어
있는 니코틴의 중독성 때문이었다. 게다가 유럽인에게는 담배 피우는 모습이
이색적으로 보였고, 담배가 병을 낫게 한다는 소문까지 돌아 남녀노소 가리지
않고 담배를 피웠다. 순식간에 담배 농사를 전업으로 하는 농가가 생겨나고
담배 산업이 등장했다. 오늘날 전 세계의 수많은 흡연자를 만든 데는
콜럼버스의 역할이 가장 컸다.

　콜럼버스는 향신료로 가득한 숲을 기대했지만 그곳에는 후추나무조차
없었다. 그가 도착한 곳은 인도도 아니고 말루쿠 제도도 아니었으니
후추나무가 있을 리 없었다. 그러나 그곳 신세계에는 또 다른 향신료가

자라고 있었다. 빨간 고추가 바로 그것이다. 고추는 후추보다 맵고 향도 달라 유럽인의 입맛에는 그다지 맞지 않았지만, 이 역시 전 세계로 보급됐다. 매운맛이 강해 어떤 지역은 받아들이지 않고 지나치기도 했다. 한반도에 고추를 전해 준 일본은 정작 고추를 아주 조금밖에 사용하지 않지만, 산초의 매운맛을 좋아하던 우리는 곧바로 고추 맛에 빠져들었다. 이것 역시 콜럼버스의 항해에서 시작된 일이다.

씨앗의 미래

인간은 어떤 방법을 써도 씨앗을 만들 수 없다. 자동차도 만들고, 하늘을 나는 비행기도 만들고, 우주선을 만들어 먼 우주까지 날려 보내고, 컴퓨터도 만들지만, 작디작은 민들레 홀씨 하나 만들어 낼 수 없다. 민들레 홀씨가 땅에 자리를 잡고, 싹을 틔우고, 다시 씨앗을 만드는 과정만 대강 알 뿐, 모르는 부분이 훨씬 많다. 특히 분자 단계로 내려가면 씨앗이 날씨와 조건을 어떻게 알아서 싹을 틔우고 새로운 생명을 이어가는지 거의 모른다. 씨앗의 원리를 모르니 씨앗을 만들 수 없음은 당연하다.

그렇지만 인간은 그런 지식이 없이도 농사지을 수 있는 종자를 찾아냈고, 그 종자 가운데 인간에게 유리한 것만 골라 육종해 눈부신 문명을 이뤄 냈다. 조건에 맞는 좋은 종자만 고르는 아주 단순한 방법으로도 종자를 혁신적으로 변혁하는 결과를 가져온 것이다. 이것은 자연의 법칙이기도 하다. 자연은 아주 단순한 방식의 진화로 지금처럼 다양한 생물계를 만들어 냈다. 그리고 그것으로 만족스럽지는 않을지라도 인간에게 문명을 향한 충분한 동력은 가져다주었다.

또한 인간은 생물학자들의 분자생물학 연구로 식물의 오묘한 화학 공장과 섭생에 대한 아주 대략적인 개요에 대해 어렴풋이 알게 됐다. 그 가운데 핵심은 식물의 세포 핵 안에 들어 있는 유전자에서 식물의 많은 형질이 비롯된다는 사실이다. 그리고 그 유전자는 생식 세포에서 분열됐다가 꽃가루받이를 통해 다시 조립되고 씨앗을 맺는다. 식물은 자신의 온갖 형질을 이 씨앗을 통해 전한다.

토마토는 최초로 유전자 변형에 성공한 농작물이다.

　육종은 좋은 형질을 더욱 강화해 몇 대 뒤에는 원래의 형질을 찾아볼 수 없을 만큼 인간에게 유리한 작물로 변하게 하는 일이다. 그런데 인간은 여기서 더 나아가 생식 세포의 핵에 있는 유전자를 바꿔치기하면 좋은 성질을 가지지 않을까, 생각하게 됐다. 유전자를 잘라내 바꿔 끼운다는 것이 쉽지는 않은 일이었지만 어쨌든 끊임없는 노력 끝에 더러 성공하기도 했다.

　그렇게 해서 인간은 잘라 낸 유전자를 다른 유전자에 이식해 인간에게 더 이로운 작물을 만들었다. 이른바 'GMO^Genetically Modified Organism'라고 불리는 유전자 변형 농산물을 만들어 낸 것이다. 1994년 잘 무르지 않는 토마토를 만든 것을 시작으로, 추위, 병충해, 살충제 등에 강한 유전자를 인위적으로 식물의 유전자에 이식해 유전자 변형 농산물을 만들었다. 현재 토마토, 옥수수, 콩, 감자 등 약 50종의 유전자 변형 농산물이 생산되고 있다.

이에 대해 환경론자들과 과학자들은 상반된 의견을 내며 첨예하게 부딪히고 있다. 환경론자들은 인간이 자연을 조작하는 행위 자체가 유해하며 생태계 교란을 가져올 것이라 주장하고, 과학자들은 유전자 변형이 육종보다 덜 인위적인 조작이며 오히려 농약과 같은 해로운 화학 약품으로부터 자연을 보호한다고 주장한다.

이 논란에 대한 결론은 아직 확실하게 나오지 않았지만 식물 유전자 조작이 더욱 광범위하게 이뤄질 것임은 분명하다. 이미 식물뿐만 아니라 동물에게도 이뤄지고 있고, 인간을 위한 유전자 치료 방법도 개발되고 있다. 안전성이 증명되지 않은 이 실험들에 대한 비판의 목소리가 끊임없이 흘러나오고 있지만, 이런 흐름을 멈추게 하기에는 역부족인 듯싶다.

새로운 기술, 크리스퍼

예전에 유전자 변형 농산물을 만들던 기술은 사실 그다지 실용적인 것이 못 되었다. 일단 DNA의 어떤 부위가 어떤 역할을 하는지를 알기가 쉽지 않았기 때문이다. 그리고 DNA 유전자의 90퍼센트 이상은 실제로 작동되지 않는 과거의 흔적이다. 이런 수많은 유전자 정보 가운데 어떤 유전자가 어떤 역할을 하는지 파악하는 일 자체가 우선 쉽지 않았다. 또한 필요한 유전자를 찾아낸다 해도 정확한 위치에서 잘라 내기가 어려웠다. 설사 유전자를 잘라 냈다고 해도 그것을 어디에 끼워 넣을지 찾는 것도 문제였다. 정확한 위치를 정해 삽입하지 못하면 제 기능을 못 하거나 아예 다른 기능을 할 수도 있기 때문이다. 유전자 변형 작물은 그런 점에서 실험실에서 어렵사리 얻은 결과물이었고 비용도 무척 많이 들어갔다. 또한 정확한 위치의 유전자를 자르고 삽입하는 기술을 개발해야 했기에 많은 자본을 가진 다국적 기업들 말고는 이런 시도를 할 수조차 없었다.

그러나 기술은 날로 발전했다. 그리고 인간은 유전자의 DNA 변형이 자연계에서도 바이러스 감염 같은 상황으로 흔히 일어나는 일임을 알게 됐다. 바이러스나 박테리아 사이에는 이렇게 유전자를 교환하는 일이 자주 일어나며, 동물도 이렇게 변형된 유전자가 전체 DNA 가운데 10퍼센트 정도나 된다는 사실을 알게 됐다. 그러니까 자연 상태에서도 유전자의 교환 또는 변형이 이루어진다는 것이다.

이런 사실을 알게 된 뒤 유전자 변형을 실험했다. 그리고 유전자 안의 정확한 위치를 찾아 유전자를 자르고 대체 유전자를 끼워 넣는 데 성공한다. 이때 쓰는 도구를 '유전자 가위'라고 한다. 유전자 가위는 세포에서 특정 유전자가 있는 DNA를 잘라 내는 효소로, 정확한 위치를 찾아낸다. 초반에 나온 유전자 가위들은 기능이 신통치 않았지만 3세대 도구인 크리스퍼CRISPR, Clustered Regularly Interspaced Short Palindromic Repeats 유전자 가위는 유전자를 잘라 내고 새로 바꾸는 데 걸리는 시간이 짧고, 여러 군데의 유전자를 한꺼번에 교체할 수도 있다. 그러기에 이 크리스퍼 유전자 가위를 이용하면 식물의 품질 개량을 쉽게 할 수 있다. 곧 인간의 입맛대로 병충해에 강하고, 비료는 많이 필요로 하지 않고, 가뭄과 냉해이상 저온이나 일조량 부족으로 입는 피해에 강하고, 독성은 없고, 품질과 맛이 좋고, 먹을 수 있는 부분은 늘어난 작물을 만들 수 있다는 뜻이다.

이 3세대 유전자 가위를 쓰기 시작한 해가 2013년이니 인간은 이미 몇 년째 이 무기를 쓰고 있는 셈이다. 그러니 이미 많은 새로운 농작물이 실험실에서 만들어졌을 수 있다. 그것은 이제 곧 수많은 유전자 변형 농산물이 등장할 때가 됐음을 뜻한다. 아직 우리 눈에만 보이지 않을 뿐, 이미 많은 부분이 이루어졌다는 뜻이다.

예전에 과학자들이 유전자 변형 농작물에 관대했던 이유는 유전자 변형 기술의 한계로 유전자 조작이 육종 수준을 크게 넘어서지 못했기 때문이다. 그러기에 주로 병충해에 강한 성질을 지닌 작물을 만들어 농약 사용을 줄이려는 경우가 대부분이었다. 그렇지만 크리스퍼 유전자 가위 기술로 만든 유전자 변형 농작물은 예전의 것들과 본질적으로 다를 수 있다. 특히 유전자에 대한 정보가 쌓이고 유전자 편집 기술이 발전한다면 이런 방식으로 만든 유전자 변형 농작물은 지금의 것과는 완전히 차원이 다를 것이다.

과일의 경우 맛과 당도와 향기까지 최고의 조합을 가진 커다란 과실을 맺을 수 있는 작물을 만들 수 있다. 그러나 중요한 점은 유전자의 교환이 자유자재로 이루어지면 종들 사이의 특성조차 넘을 수 있다는 것이다. 과일과 곡식에서 특별한 맛과 향이 나는 것은 그 종만의 특성인데 이것조차 경계가 허물어진다는 뜻이다. 이를테면 딸기 맛을 내는 토마토

MONSANTO

세계 곳곳의 여러 기업이 유전자 변형 농작물을 개발하고 있다. 다국적 기업 몬산토도 그중 하나다.

가 등장할 수도 있고, 깨 맛을 내는 콩이 등장할 수도 있다. 이런 말이 어쩌면 매력적으로 들릴지 몰라도, 이로 인해 괴물 작물이 탄생할 위험이 있다는 점도 생각해야 한다.

이런 수준의 유전자 변형 농작물이라면 자연 생태계에 심각한 영향을 줄지도 모른다. 만일 생존과 번식에 최적화된 작물이 실험실에서 탄생한다면, 그래서 그것들이 밭의 경계를 넘어 야생으로 번져 간다면 야생종은 서식지를 빼앗길 수도 있다. 또한 지금의 작물들은 오랜 세월에 걸쳐 인간이 식량으로 삼으며 안전성이 검증된 것들이지만, 실험실에서 유전자를 뒤섞어 만든 것은 검증되지 않았기에 안전에도 문제가 있을 수 있다.

무엇보다 인간의 자연에 대한 착취가 다른 형태의 생태학적 문제를 가져오지 않을까 걱정해야 한다. 물론 크리스퍼 유전자 가위는 자연의 진화 원리를 이용한 방법이지만 인위적인 사용은 급격한 변화를 만든다. 그리고 자연 상태에서는 그런 급격한 변화가 있었던 적이 없다. 그러기에 이런 기술을 인간의 욕망을 위해서 무한대로 쓰는 건 더 고민해야 할 문제

다. 다만 지금은 눈앞의 이익 때문에 객관적으로 검토하기가 어려울 듯하
다. 그러나 앞으로 씨앗에 담긴 정보가 금싸라기가 될 것임은 틀림없다.

유전자는 자연의 기록이자 재산이다

우리 몸은 대부분의 형질이 유전자인 DNA에 담겨 후세에 전해진다. 생
김새와 체격, 그리고 건강 상태와 성격까지도 유전자에 좌우되는 경우가
많다. 곧 사람마다 모습이 다른 것은 유전자 때문이며, 이 유전자는 모두
부모로부터 한 벌씩 물려받은 것이다. 동물도, 식물도 모두 그렇게 유전
자를 얻는다. 그러기에 하늘에서부터 뚝 떨어진 유전자는 없다.

이처럼 유전자는 선조로부터 받은 것이기에 선조의 습성이 그대로
남아 있게 마련이다. 사람뿐만 아니라 식물도 그렇다. 핵 안의 유전자는
물론이고, 미토콘드리아나 엽록소와 같은 세포 내 기관들은 오래전 세균
으로 있던 시절부터 세포 안에 포획되어 공생하며 지금까지 전해진 것
이다. 그러기에 지금의 식물은 생명의 역사와 같은 40억 년 동안 이어온
것이다. 물론 격리와 멸종을 겪으며 유전자에는 수많은 변이가 일어났
지만 지금 살아남은 것들의 유전자에는 그 기나긴 세월의 흔적이 오롯이
새겨져 있다. 그렇기 때문에 오랜 기간 세상에 적응할 수 있었던 것이다.
농업에서는 특히 여러 품종의 유전자 모두가 중요한데, 겉으로 보기에는
모자란 듯 보여도 장점을 지니고 있을 수 있기 때문이다. 40억 년을 지탱
해 온 생명의 역사가 씨앗 유전자에 고스란히 남아 있다.

육종이나 유전자 변형을 하려면 씨앗을 심고, 싹을 틔우고, 형질을 파악하고, 형질을 발현하는 부위가 DNA의 어느 부위인지 정확히 알아야 한다. 물론 이 모든 것을 한꺼번에 할 수는 없기 때문에 우선 무엇이 있을지는 모르지만 중요한 정보가 담겨 있는 DNA, 곧 씨앗을 충실히 모아야 한다.

수천만 종에 이르는 식물의 유전자는 모두 하나같이 귀중하다. 지구 환경이 언제 어떻게 변할지 아무도 모르기 때문이다. 이뿐만이 아니다. 이들 가운데 또 어떤 식물에 미래의 위기를 극복할 중요한 유전자가 있을지 알 수 없다. 안타깝게도 현재 지구는 개발의 소용돌이에 빠져 있다. 인구가 늘고 농경지와 공장이 늘어나면서 숲과 풀밭이 줄어들었고, 수많은 자생 식물이 멸종됐다. 미래에 유용할지도 모를 식물이 자꾸 사라져 가고 있는 것이다. 게다가 농작물도 수확량이 많고 병충해에 강한 것만 심다 보니 종자가 단순해졌는데, 이럴 경우 환경이 갑자기 변하면 대응할 방법이 없어 문제다. 2000년대 오스트레일리아와 아르헨티나에서는 단일 종류로 심은 밀이 가뭄을 이기지 못하고 죽어 흉작이 되기도 했다.

그래서 미국을 비롯한 몇몇 나라에서는 첨단 보존 설비를 갖춘 '씨앗 은행seed bank'을 만들고 있다. 이를 지속적으로 유지하는 일은 막대한 비용이 들지만 씨앗에 담긴 정보를 지키는 것이 중요하기에 기꺼이 이런 노력을 하고 있는 것이다. 씨앗은 모으는 것도 쉽지 않지만 보존하는 일도 결코 쉽지 않다. 보통 일상에서 씨앗을 보관할 경우 몇 해가 지나면 발아율이 눈에 띄게 떨어진다. 이스라엘 마사다 유적지에서 발굴된, 2000년도 더 지난 대추야자 씨앗에서 싹이 나는 기적 같은 일이 일어나

영국 잉글랜드 남부에 있는 밀레니엄 씨앗 은행(Millennium Seed Bank).

고, 또 다른 지역에서도 수백 년이 지난 씨앗이 발아하는 놀라운 일이 있기는 했지만 이는 아주 특별한 경우다. 씨앗 은행에서 아무리 보관을 잘해도 시간이 지나면 아예 발아가 안 될 수도 있다. 그래서 알맞은 주기를 정해 싹을 틔우고 새로운 씨앗을 만들어 다시 보존해야 한다.

　수많은 씨앗을 이렇게 관리하기란 쉽지 않은 일이다. 식물마다 다른 조건들을 맞추어 가며 키우고 다시 씨앗을 수확하는 일은 쉽지 않고, 비용도 많이 들어간다. 세계에는 2006년 기준으로 1300여 개의 씨앗 은행이 있었는데, 지금은 이보다 많을 것이다. 씨앗 은행에서는 전 세계의 수많은 종자를 수집하며, 같은 종이라도 성질별로 다양하게 보존하기 위해 수확량이 적고 볼품없는 것도 수집한다. 언제 어떤 용도를 발견할지 모르기 때문이다. 지금 이 순간에도 수많은 씨앗이 씨앗 은행으로 모이고 있다. 이 씨앗 은행은 약 40억 년 동안 이어져 온 생명의 지혜를 보존하는 일을 하고 있다.

씨앗 독립 만세

육종으로 작물을 개발해 내던 때도 개개의 씨앗이 지닌 형질이 중요했지만, 유전자 가위를 이용해 유전자 조합을 하는 지금의 현실에서 씨앗에 들어 있는 유전자 정보보다 더 좋은 자료는 없을 것이다. 그러기에 지금 열강에 속하는 나라들은 앞으로의 미래를 개척하기 위해 이 '바이오 전쟁'에 온 힘을 쏟고 있다. 나라뿐만 아니다. 세계적인 바이오 기업들은 생명공학을 최우선 과제로 삼고 이에 매진하고 있다. 지구의 자원은 점점 부족해지고 있고, 이를 돌파할 방향은 생명공학이라 여기기 때문이다.

세계적인 첨단 기술과 경제 규모를 자랑한다는 우리나라도 이런 분야에서 앞서 나가고 있는 듯 보이지만 현실적으로는 그렇지 못하다. 약품 생산이나 줄기세포와 관련된 바이오 기업들은 있을지 몰라도, 작물이나 씨앗과 관련된 첨단 기업은 거의 없기 때문이다. 씨앗 은행만 해도 아직 초보적인 걸음마 상태에서 몇몇 분야의 것들만을 확보하고 있으며, 주요 곡식과 과일나무의 육종은 진행하고 있지만 전반적인 분야에서 보존과 육종을 행하는 것은 아니다. 오히려 농업용 채소나 원예물의 경우에는 전적으로 외국 종묘 회사에 의존하는 경우가 많다. 한마디로 이 분야에서 우리나라의 기술은 극히 일부를 제외하면 뒤떨어져 있다고 봐야 할 정도다.

사실 우리는 50년 가까이 농업과 씨앗에 그다지 신경을 쓰지 않았다. 경제 개발을 한다고 공업과 수출에 신경 쓰는 사이에 농업은 손을 놓아 버린 것이다. 주곡 생산을 자급화한다고 쌀의 종자를 수확량이 많은 '통일벼'로 개량하는 작업을 하기는 했지만, 거기까지였다. 이때 노동자의 기본 생활비용을 낮춰 수출 기업을 육성하기 위해 쌀값을 안정화했는데, 값싼 밀가루를 수입하며 분식을 장려해 쌀값이 오르는 것을 막았다. 농업은 이때부터 급격히 쇠락하기 시작했다.

수출 증대와 산업의 발달로 국민 소득이 오르며 생활이 개선됐지만, 농업에는 여전히 투자하지 않았다. 그저 쌀을 안정적인 값으로 사들여 농민을 보조하고, 또 다른 한편으로는 이 쌀을 시장에 풀어 쌀값을 안정시키는 농업 정책을 펼쳤다. 생활 개선으로 육류, 달걀, 우유 등 축산물의 소비가 늘어났지만, 가축을 기르는 사료는 전부 수입했다. 따라서 식량 자급률은 생활수준이 올라갈수록 점점 떨어질 수밖에 없었다.

그래도 부식인 채소의 종자들은 국내 종자 회사들이 계속 생산했다. 그러나 이 또한 새로 등장한 외래 채소들의 소비가 늘어나면서 많은 종자를 수입하기 시작했다. 게다가 씨앗을 생산하는 국내 종자 회사들이 외환위기 때부터 외국에 팔리기 시작해 농업용 씨앗의 많은 부분을 외국 자본에 의존하게 됐다. 결국 우리가 먹는 것 대부분을 외국에 의지하는 꼴이 된 것이다. 크리스퍼 유전자 가위를 이용한 GMO가 도입된다면 아마도 이 현상은 더욱 심화될 것이다.

우리가 50년 가까이 씨앗과 농업을 중요하게 여기지 않아서 생긴 문제들이 이제야 불거지고 있다. 이 문제의 심각함을 숫자로 표현한다면, 곡물의 사료용 소비를 포함한 국내 소비량 대비 국내 생산량 비율을 뜻하는 '곡물 자급률'을 꼽을 수 있을 것이다. 인구가 늘어나고 산업이 시작될 때인 1970년대의 곡물 자급률은 80퍼센트 정도였다. 모두가 배불리 먹거나 맛있게 먹지는 않았어도 나머지 20퍼센트만 수입해 오면 먹고살 수는 있었다는 얘기다. 그러던 것이 차츰 떨어져 2009년 이후 줄곧 20퍼센트 대에 머물고 있다. 우리가 먹는 거의 모든 음식을 수입한다는 것이다.

그러기에 만일 기후 변화가 일어나 전 세계 농업 가운데 일부가 무너지면 우리는 가장 커다란 타격을 받을 수밖에 없다. 실제로 아르헨티나가 콩 농사를 망치면 콩 값과 식용유 값이 오르고, 오스트레일리아가

씨앗은 인간보다 훨씬 긴 세월 동안 환경에 적응하며 얻은 결과물을 품고 있다.

밀 농사를 망치면 빵 값이 솟는다. 그나마 비싼 값을 치르고라도 살 수 있으면 다행이다. 기후 재앙으로 전 세계적인 식량 부족 현상이 일어난 다면 제아무리 비싼 값을 주더라도 살 수 없을 것이다. 우리의 곡물 자급률 문제가 얼마나 심각한지 알려면 미국이나 프랑스와 같은 곡물 수출국 말고 우리와 비슷한 인구와 영토로 구성된 영국과 비교하면 된다. 우리보다도 열악한 기후인 영국은 곡물을 대부분 자급할 수 있다.

여기에 농사짓는 씨앗조차 외국에 의존하면 사실 우리 것이라고는 땅과 노동력과 햇빛밖에 남지 않는다. 먹고사는 문제는 삶의 기본이기 때문에 지금 풍족하다 해서 남의 손에만 맡길 수 없다. 먹을 것을 남의 손에 맡기는 것은 자신의 목숨을 남의 손에 맡기는 것과 다를 바 없다.

그렇기 때문에 식량의 자급은 독립적인 나라가 되고 독립적인 생활을 하기 위해서는 반드시 해야 하는 필수적인 일이다. 사실 국민 대부분의 생각이 바뀌고, 그에 따라 정부의 정책이 바뀌면 우리도 우리가 먹는 식량을 생산하지 못할 이유가 없다. 햇빛조차 잘 들지 않는 영국도 하는 일을 우리가 못 할 이유는 하나도 없다.

식량 독립을 위해 더욱 새겨봐야 할 것이 이 씨앗이다. 봄이면 새싹이 나고 여름에 무럭무럭 자라 가을에 결실을 맺는 자연의 씨앗은 우리 인간보다 훨씬 긴 세월 동안 환경에 적응하며 얻은 결과물을 품고 있다. 그러기에 우리가 씨앗에 담긴 의미를 오롯이 새기고, 씨앗의 미래를 걱정하고, 옳은 방향으로 나가기를 절실하게 바라야만 그 씨앗에 담긴 내밀한 뜻을 우리에게 전해 줄 것이다. 그 뜻을 알고 우리는 씨앗의 독립을 쟁취해야 한다.

크리스퍼 유전자 가위

최근 대중 매체에 '크리스퍼 유전자 가위 기술을 이용하면 불치의 병을 고칠 수 있다'와 같은 내용의 기사가 자주 나온다. 이것이 대체 무슨 기술이기에 이런 놀라운 일을 할 수 있는가, 하는 의문이 든다.

일단 그 용어부터 알아보자면 크리스퍼CRISPR는 'Clustered Regularly Interspaced Short Palindromic Repeats'의 약자로, '주기적으로 반복되는 회문 서열'이라는 어려운 말로 해석되어 웬만해선 그 뜻을 짐작하기 어렵다. 이 전문 용어를 해설하기 위해서는 수많은 생물학 지식을 이야기해야 하니 '회문'이란 말만 잠깐 설명하고 지나가자. 회문이란 앞으로부터 읽으나 뒤로부터 읽으나 같은 글을 말한다. 이를테면 영어 단어의 'level'이나 'madam' 같은 것이고, 한국어 단어로는 '아시아', '일요일'과 같은 것들이다. 어구로 말하자면 '건조한 조건'이나 '다 가져가다'와 같은 경우다. 여하튼 유전자의 DNA 안에는 이런 조합이 많다는 것만 기억하자. 이런 구조로 된 것을 찾아내서 자르는 도구가 있다는 것이다.

유전자를 자르고 그 자리에 다른 것을 넣는 것은 자연에서도 이뤄지는 일이고, 유전자 가위도 자연으로부터 가져온 것이다. 그렇다면 왜 자연은 유전자를 알아내고 자르는 가위를 필요로 했을까. 세포 안에서 침입자를 알아보고 이를 퇴치하기 위해서다. 세균에 바이러스가 침범하면 세균은 바이러스를 퇴치하려 할 것이고, 바이러스는 자신을 증식시켜 숙주인 세균을 죽이고 밖으로 나가려 할 것이다. 인간 세포의 면역계 또한 바깥에서 침입하는 세균과 바이러스를 퇴치하기 위해 이런 시스템을 유지하고 있다. 이 둘 사이의 싸움에서 적을 알아보고 그 유전자를 끊는 기술이 나온 것이다.

이런 기능을 이용해서 동식물 세포의 유전자를 편집하는 것이 '유전자 편집'이고, 그 도구로 삼은 것이 1세대 유전자 가위인 징크핑거zinc finger와 2세대인 탈렌TALEN, Transcription Activator-Like Effector Nucleases, 3세대 크리스퍼다. 크리스퍼 유전자 가위는 특정 유전자를 찾아내는 가이드 RNARibo Nucleic Acid, 유전정보전달물질와 잘라 내는 제한 효소인 Cas9을 결합시킨 것으로, 이전 것들과는 달리 유전자를 찾아 작업하는 일을 한 번에 하고, 여러 군데 작업을 동시에 할 수 있다.

이 새로운 공구는 덴마크의 데니스코라는 요구르트 공장에서 유산균을 지키기 위해 바이러스의 내성 실험을 하다가 발견됐다. 이것을 발견한 제니퍼 다우나Jennifer Doudna와 에마뉘엘 샤르팡티에Emmanuelle Charpentier는 노벨상의 유력 후보가 됐고, 생명공학의 앞날은 바야흐로 화려한 꽃 잔치가 예고되어 있다.

크리스퍼 유전자 가위를 이용하면 유전자를 잘라 내고 새로 바꾸는 데 몇 년씩 걸리던 일을 며칠 안에 할 수 있고, 정확도도 훨씬 높다. 이처럼 유전자를 손보는 일이 쉬워지면서 유전 질환 치료와, 유전자를 바꾼 줄기세포를 이용한 근본적인 치료에 대한 희망이 부풀고 있다.

크리스퍼 유전자 가위는 이처럼 의료 분야에서의 효용이 매우 커서 농작물에서의 쓰임이 대중의 눈길을 끌지 못하고 있지만, 사실은 이것도 결코 무시할 수 없다. 이 도구를 이용하면 씨앗에 있는 유전자로 할 수 있는 일이 거의 무한대로 확장되고, 예전처럼 시간이 오래 걸리지도 않기 때문이다. 그러나 생태계 파괴와 같은 문제도 충분히 검토해야 한다.

참고 문헌

- 고든 차일드, 《신석기혁명과 도시혁명》, 김성태·이경미 옮김, 주류성, 2013.

- 나카자와 신이치, 《곰에서 왕으로》, 김옥희 옮김, 동아시아, 2003.

- 나카자와 신이치, 《사랑과 경제의 로고스》, 김옥희 옮김, 동아시아, 2004.

- 다나카 마사타케, 《재배식물의 기원》, 신영범 옮김, 전파과학사, 1992.

- 다나카 오사무, 《식물은 대단하다》, 남지연 옮김, AK커뮤니케이션즈, 2016.

- 다니엘 에버렛, 《잠들면 안 돼, 거기 뱀이 있어》, 윤영삼 옮김, 꾸리에, 2010.

- 다마무라 도요오, 《세계 야채 여행기》, 정수윤 옮김, 정은문고, 2015.

- 로버트 켈리, 《수렵채집 사회》, 성춘택 옮김, 사회평론아카데미, 2014.

- 리처드 랭엄, 《요리 본능》, 조현욱 옮김, 사이언스북스, 2011.

- 마귈론 투생-사마, 《먹거리의 역사》(전 2권), 이덕환 옮김, 까치, 2002.

- 마빈 해리스, 《문화의 수수께끼》, 박종렬 옮김, 한길사, 2000.

- 마이클 폴란, 《욕망하는 식물》, 이경식 옮김, 황소자리, 2007.

- 브라이언 페이건, 《인류의 대항해》, 최파일 옮김, 미지북스, 2014.

- 빌프리트 봄머트, 《식량은 왜! 사라지는가》, 전은경 옮김, 알마, 2011.

- 사드니 민츠, 《음식의 맛, 자유의 맛》, 조병준 옮김, 지호, 1998.

- 사토 요우이치로, 《쌀의 세계사》, 김치영 옮김, 좋은책만들기, 2014.

- 새뮤얼 노아 크레이머, 《역사는 수메르에서 시작되었다》, 박성식 옮김, 가람기획, 2000.

- 소어 핸슨, 《씨앗의 승리》, 하윤숙 옮김, 에이도스, 2016.

- 시드니 민츠, 《설탕과 권력》, 김문호 옮김, 지호, 1998.

- 유발 하라리, 《사피엔스》, 조현욱 옮김, 김영사, 2015.

- 이윤섭, 《커피, 설탕, 차의 세계사》, 필맥, 2013.

- 재레드 다이아몬드, 《총, 균, 쇠》, 김진준 옮김, 문학사상사, 2005.

- 잭 터너, 《스파이스》, 정서진 옮김, 따비, 2012.

- 제니퍼 클랩, 《식량의 제국》, 정서진 옮김, 이상북스, 2013.

- 제이콥 브로노우스키, 《인간 등정의 발자취》, 김현숙·김은국 옮김, 바다출판사, 2009.

- 조르주 루, 《메소포타미아의 역사》(전 2권), 김유기 옮김, 한국문화사, 2013.

- 주경철, 《대항해 시대》, 서울대학교출판부, 2008.

- 주경철, 《문명과 바다》, 산처럼, 2009.

- 주경철, 《크리스토퍼 콜럼버스》, 서울대학교출판문화원, 2013.

- 케네스 포머런츠·스티븐 토픽, 《설탕, 커피 그리고 폭력》, 박광식 옮김, 심산, 2003.

- 켄트 플래너리·조이스 마커스, 《불평등의 창조》, 하윤숙 옮김, 미지북스, 2015.

- 콜린 M. 턴불, 《숲 사람들》, 이상원 옮김, 황소자리, 2007.

- 클로드 레비-스트로스, 《슬픈 열대》, 박옥줄 옮김, 한길사, 1998.

- 클로드 레비-스트로스, 《야생의 사고》, 안정남 옮김, 한길사, 1996.

- 톰 스탠디지, 《식량의 세계사》, 박중서 옮김, 웅진지식하우스, 2012.

- 페르낭 브로델, 《물질문명과 자본주의》(전 6권), 주경철 옮김, 까치, 1995-2001.

- 프레드 차라, 《향신료의 지구사》, 강경이 옮김, 휴머니스트, 2014.

사진 출처

- 15쪽　https://commons.wikimedia.org/w/index.php?curid=33920470
- 16쪽　https://commons.wikimedia.org/w/index.php?curid=714512
- 18쪽　위 https://commons.wikimedia.org/w/index.php?curid=875324
- 18쪽　아래 https://commons.wikimedia.org/w/index.php?curid=6322836
- 20쪽　https://www.flickr.com/photos/hobler/24257838481
- 22쪽　https://commons.wikimedia.org/w/index.php?curid=21149891
- 24쪽　https://commons.wikimedia.org/w/index.php?curid=2150230
- 25쪽　https://commons.wikimedia.org/w/index.php?curid=4975638
- 27쪽　https://commons.wikimedia.org/w/index.php?curid=51596048
- 32쪽　https://commons.wikimedia.org/w/index.php?curid=45113557
- 33쪽　https://commons.wikimedia.org/w/index.php?curid=23326304
- 36쪽　https://commons.wikimedia.org/w/index.php?curid=14163391
- 40쪽　https://commons.wikimedia.org/w/index.php?curid=8316490
- 42쪽　https://commons.wikimedia.org/w/index.php?curid=25486048
- 43쪽　위 https://commons.wikimedia.org/w/index.php?curid=2199786
- 43쪽　아래 https://commons.wikimedia.org/w/index.php?curid=20727313
- 46쪽　https://commons.wikimedia.org/w/index.php?curid=1343282
- 53쪽　https://commons.wikimedia.org/w/index.php?curid=27338888
- 54쪽　위 https://commons.wikimedia.org/w/index.php?curid=458495
- 54쪽　아래 https://commons.wikimedia.org/w/index.php?curid=20136432
- 59쪽　https://commons.wikimedia.org/w/index.php?curid=8638682
- 60쪽　https://commons.wikimedia.org/w/index.php?curid=497734
- 62쪽　https://commons.wikimedia.org/w/index.php?curid=3984705
- 67쪽　https://commons.wikimedia.org/w/index.php?curid=2416357

- 68쪽   https://commons.wikimedia.org/w/index.php?curid=14193607

- 72쪽   https://commons.wikimedia.org/w/index.php?curid=1351789

- 75쪽   https://commons.wikimedia.org/w/index.php?curid=49594921

- 79쪽   왼쪽 https://pixabay.com/photo-532634/

- 79쪽   오른쪽 https://commons.wikimedia.org/w/index.php?curid=194762

- 80쪽   https://commons.wikimedia.org/w/index.php?curid=48812842

- 82쪽   https://flic.kr/p/7fdLh4/

- 83쪽   왼쪽 위 https://commons.wikimedia.org/w/index.php?curid=973302

- 83쪽   오른쪽 위 https://commons.wikimedia.org/w/index.php?curid=35763037

- 83쪽   왼쪽 아래 https://commons.wikimedia.org/w/index.php?curid=2232399

- 83쪽   오른쪽 아래 https://commons.wikimedia.org/w/index.php?curid=256522

- 85쪽   https://pixabay.com/photo-364442/

- 88쪽   https://commons.wikimedia.org/w/index.php?curid=7382915

- 90쪽   https://commons.wikimedia.org/w/index.php?curid=8450312

- 92쪽   위 http://maxpixel.freegreatpicture.com/photo-917354

- 92쪽   아래 https://pixabay.com/photo-272894/

- 95쪽   https://pixabay.com/photo-964324/

- 101쪽   왼쪽 https://pixabay.com/photo-285033/

- 101쪽   오른쪽 https://commons.wikimedia.org/w/index.php?curid=54679609

- 106쪽   왼쪽 위 http://maxpixel.freegreatpicture.com/photo-74360

- 106쪽   오른쪽 위 http://britishagroproducts.com/products5.aspx

- 106쪽   왼쪽 아래 https://www.shutterstock.com/ko/image-photo/lettuce-isolated-
  on-white-background-397771522

- 106쪽   오른쪽 아래 http://www.picserver.org/l/lettuce.html

- 108쪽   https://pixabay.com/photo-793078/

- 110쪽 https://pixabay.com/photo-20792/

- 111쪽 왼쪽 https://pixabay.com/photo-846962/

- 111쪽 오른쪽 https://commons.wikimedia.org/w/index.php?curid=16476574

- 113쪽 위 https://commons.wikimedia.org/w/index.php?curid=22773160

- 113쪽 아래 https://commons.wikimedia.org/w/index.php?curid=8074498

- 115쪽 위 http://www.publicdomainpictures.net/view-image.php?image=4537&picture=chili-peppers

- 115쪽 아래 https://www.flickr.com/photos/koreanet/16807037870

- 117쪽 위 https://pixabay.com/photo-853682/

- 117쪽 아래 https://flic.kr/p/4z9jiK

- 119쪽 왼쪽 https://commons.wikimedia.org/w/index.php?curid=42539454

- 119쪽 오른쪽 https://commons.wikimedia.org/w/index.php?curid=1049710

- 122쪽 http://www.geograph.ie/reuse.php?id=2196985

- 123쪽 https://commons.wikimedia.org/w/index.php?curid=53417501

- 126쪽 https://commons.wikimedia.org/w/index.php?curid=5905749

- 129쪽 위 https://commons.wikimedia.org/w/index.php?curid=1380997

- 129쪽 아래 https://commons.wikimedia.org/w/index.php?curid=2632652

- 131쪽 위 https://commons.wikimedia.org/w/index.php?curid=134763

- 131쪽 아래 https://commons.wikimedia.org/w/index.php?curid=27265265

- 132쪽 왼쪽 https://flic.kr/p/8BaJ1D

- 132쪽 오른쪽 https://flic.kr/p/9xsAiR

- 135쪽 https://commons.wikimedia.org/w/index.php?curid=16082268

- 136쪽 왼쪽 https://commons.wikimedia.org/w/index.php?curid=17155566

- 136쪽 오른쪽 https://commons.wikimedia.org/w/index.php?curid=8386342

- 140쪽 왼쪽 https://commons.wikimedia.org/w/index.php?curid=7430010

- 140쪽   오른쪽 https://commons.wikimedia.org/w/index.php?curid=8760285

- 141쪽   왼쪽 https://commons.wikimedia.org/w/index.php?curid=2755021

- 141쪽   오른쪽 https://pixabay.com/photo-199402/

- 143쪽   https://commons.wikimedia.org/w/index.php?curid=17067463

- 148쪽   https://commons.wikimedia.org/w/index.php?curid=10732140

- 153쪽   https://pixabay.com/photo-879441

- 157쪽   https://commons.wikimedia.org/w/index.php?curid=35775202

- 160쪽   위 https://commons.wikimedia.org/w/index.php?curid=7535322

- 160쪽   아래 https://flic.kr/p/7kPY1n

- 164쪽   https://commons.wikimedia.org/w/index.php?curid=20036433

교과 연계

1 씨앗의 탄생

- 중학교   과학1   2-1 지구계

                                      2-2 지권의 구성(광물)

                                      2-3 지권의 구성(암석)

                                      2-5 지권의 변화

                                      4-1 식물의 구성(세포)

                                      4-2 식물의 구성(뿌리와 줄기)

                                      4-3 식물의 구성(잎)

                                      4-4 광합성과 호흡

                      과학3   4-1 무성 생식과 유성 생식

                                      6-2 진화와 다양성

- 고등학교   생명과학   3-1 세포의 생명 활동

2 씨앗에 눈뜨다

- 중학교   역사   11-1 인류의 출현과 선사 문화

3 농업이 바꾼 세상

- 중학교   역사   11-2 문명의 발생과 국가의 형성

                                      5-1 조선의 건국과 통치 질서의 확립

- 고등학교   세계사   1-1 국가의 등장과 문명의 발전

                      한국사   1-1 선사 시대의 문화